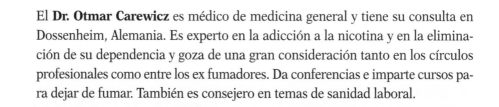

El **Dr. Otmar Carewicz** es médico de medicina general y tiene su consulta en Dossenheim, Alemania. Es experto en la adicción a la nicotina y en la eliminación de su dependencia y goza de una gran consideración tanto en los círculos profesionales como entre los ex fumadores. Da conferencias e imparte cursos para dejar de fumar. También es consejero en temas de sanidad laboral.

Daniel Boris Carewicz está diplomado en comunicaciones y trabaja como consejero. Ayuda a las personas a tomar decisiones y a alcanzar sus metas, tanto en el plano personal como en el profesional. Junto con su padre, imparte seminarios por toda Alemania para dejar de fumar, tanto para grupos como privados.

Prólogo

Un día, un paciente me contó que la noche anterior había visto un programa de televisión sobre el tabaco. Las imágenes que mostraban las consecuencias de fumar le impactaron tanto que no tuvo más remedio que encender un cigarrillo para tranquilizarse.

Dado que yo por aquel entonces también fumaba, comprendí perfectamente su comportamiento; y a pesar de que, como médico, me tenía que enfrentar constantemente a los efectos del tabaco en la salud, siempre me tranquilizaba diciéndome que ese cigarrillo iba a ser el último. Cada día tomaba la decisión de dejar de fumar. Y así durante 20 años. Cuando finalmente decidí llevar a cabo mis propósitos, me habría gustado poder contar con algún apoyo; alguien que me explicase el mejor modo de hacerlo. Un libro sobre el tema de dejar de fumar me había hecho creer que la dependencia del tabaco era totalmente ilusoria. Y al principio de mi abstinencia, esa guía me dejó en la estacada...

Desde entonces, mi hijo y yo nos hemos ocupado intensivamente de la dependencia al tabaco. Y hay algo que siempre hemos observado y que también ha sido demostrado científicamente: cuanto mejor conozca el fumador su adicción y sus pautas de comportamiento, mayores serán las probabilidades de que se aparte para siempre de los cigarrillos. Aquí han resultado ser de gran ayuda tanto los conocimientos detallados acerca del efecto del tabaco en el organismo y en la salud, como los nuevos métodos de comunicación.

Con esta finalidad, hemos procurado reunir lo mejor de la medicina, los estudios sobre dependencias, la psicología y el entreno mental. Y los resultados que obtenemos en nuestros cursos para dejar de fumar nos demuestran que no estamos equivocados. Y han sido precisamente las personas que participan en estos cursos las que nos han estimulado a plasmar nuestro método en un libro.

¡Esperamos que le sea de gran utilidad!

Dr. Otmar Carewicz
Daniel Boris Carewicz

¡Saber más

ayuda mucho!

Si sabes lo que sucede en tu organismo desde que inhalas el primer humo de un cigarrillo, si te informas bien acerca de la adicción a la nicotina, entonces aumentarás las posibilidades reales de poder dejar de fumar. Hay algo que está muy claro: cuanto más sepas acerca de tu comportamiento como fumador, menos te costará ganar la lucha contra la adicción. Así, algún día podrás decir: «¡Lo conseguí!»

¡Dejarlo de una vez!

Placer, concentración, relajación… se esconden tantas cosas en un cigarrillo. Y sin embargo hubo una época en la que podías vivir perfectamente sin él: de niño también eras feliz y podías jugar y estudiar sin que te hiciese falta la nicotina. Como adulto no fumador tampoco necesitabas para nada ese humo azul. Solamente el fumador tiene la sensación de que no podría vivir sin su cigarrillo. Pero existe un camino para regresar a una vida feliz y sin humo. Y ese camino es precisamente el que te vamos a mostrar en este libro.

Una superdroga que nos hace enfermar

Actualmente sabemos a ciencia cierta el tipo de superdroga que es la nicotina. Es un veneno neurotóxico que provoca la misma adicción que la cocaína o la heroína. Pero ninguna otra droga llega tan rápidamente al cerebro, ni produce un efecto tan universal: la nicotina puede excitar o tranquilizar –y si hace falta, las dos cosas a la vez–. Y el peligro es que se trata de una droga que podemos conseguir en cualquier lugar y momento. No altera la mente y produce cambios de personalidad.

Pero cuando alguien se relaciona con la droga ya no puede volver a dejarla. Algunas veces basta con dar unas chupadas a un cigarrillo para volverse adicto. «Amor a la primera chupada»… y el inicio de una larga relación. A cambio de unos breves momentos de placer puede destrozar a la persona para siempre. Sus más de 4.000 sustancias tóxicas acaban con la salud.

Dejar de fumar, ¿así de fácil?

El consejo que más habitualmente se da a los fumadores es «¡Has de dejarlo hoy mismo!» Los médicos lo recomiendan, los «enemigos del tabaco» lo promulgan, y la pareja lo desea. Y, según las estadísticas, uno de cada tres fumadores sigue el consejo por lo menos una vez al año. Pero pocos son capaces de mantener la abstinencia. El entorno quizá los motive, pero obtienen poco apoyo y, lo que es más importante, pocas explicaciones. Actualmente sabemos que cuanto mejor se conozcan la adicción y sus trucos, más fácil será vencerla.

Las palabras bienintencionadas no siempre ayudan a no abandonar el intento.

El afortunado

Algunas personas logran vencer al tabaco con más facilidad que otras, en la naturaleza nada es uniforme. Hay personas que pueden comer en abundancia sin aumentar ni un gramo, mientras que otras engordan con sólo oler la salsa o la pizza. Y lo mismo sucede con el fumar. Algunos siguen pegados al tabaco a pesar de poner toda su fuerza de voluntad, y a otros les basta con apagar el cigarrillo para dejar de fumar «¡desde ya!». ¡Así de sencillo! ¡A pesar de que durante años ha estado consumiendo 60 cigarrillos o más cada día!

Uno de cada veinte

El hecho es éste: sólo uno de cada veinte fumadores es capaz de dejar el tabaco por las buenas y sin esfuerzo aparente. Y algunos de ellos, al ver el éxito que han tenido, van diciendo orgullosamente: «¡Haz como yo! ¡Deja de fumar!» Pero esta sugerencia suele hacer el mismo efecto que las sentencias de algunas personas que imparten seminarios para dejar de fumar y que afirman que: «¡Todo es posible, sólo hay que querer conseguirlo!» Sin embargo, las cosas no son tan fáciles y estos discursos raramente conducen al éxito.

La triste mayoría

La mayoría de las personas que desearían dejar de fumar y sueñan con una vida más sana podrían hablarnos de sus innumerables intentos fallidos. Pero pertenecen a la mayoría silenciosa. ¿Y a quién le gusta hablar de sus intentos fallidos y comentar que tiene la sensación de haber fracasado? No se trata de que esta mayoría que no lo consigue no tenga fuerza de voluntad. Lo que sucede es que su naturaleza es distinta y la adicción las tiene atrapadas con más fuerza.

La dependencia no es un estado que se pueda combatir simplemente con la voluntad o cambiando de actitud. La adicción es una enfermedad que ha de ser tratada con terapias adecuadas y eficaces. No dejes que te confundan. Los charlatanes que aseguran «¡Tú quieres, tú puedes, tú lo conseguirás!» no te serán de ninguna ayuda si no te indican cuál es el camino para salir de la adicción. Nuestras experiencias con personas que desean dejar de fumar, con personas que han fracasado varias veces en el intento y con ex fumadores siempre nos llevan al mismo punto: ¡Lo decisivo no es la voluntad sino el camino a seguir!

NOTA

UNA MULTITUD DE FUMADORES

En Alemania hay unos 22 millones de fumadores que consumen diariamente 386 millones de cigarrillos, y la tendencia es a aumentar. El 71 % fuman entre 5 y 20 cigarrillos diarios, el 19 % fuman aún más. Una de cada dos fumadoras y uno de cada tres fumadores han intentado dejar de fumar por lo menos en una ocasión.

Necesitas un método que te permita superar todas aquellas innumerables tentaciones típicas de la adicción a la nicotina. Por decirlo de algún modo, te hace falta un equipo de escalada que te ayude a superar todos los obstáculos de la adicción. Cuando conozcas el camino perderás la angustia y el miedo a dejar de fumar. Lo único que tendrás que hacer es decidir si das el paso y cuándo.

Un camino para todos

Imagínate lo siguiente: Se va a hacer realidad algo con lo que sueñas desde hace mucho tiempo y vas a participar en una extraordinaria expedición de alta montaña. Te hace muchísima ilusión, pero sabes que va a ser sumamente duro. Por tanto, te preparas con tiempo; pides que te

Para alcanzar la meta, hay que estar bien preparado y bien equipado; esto también se aplica al dejar de fumar.

expliquen la ruta a seguir, te informas de los peligros y los obstáculos que habrá que superar. Te entrenas para la expedición, te equipas con todo lo necesario. Y a ningún guía de montaña se le ocurrirá decirte algo así como: «¡Si tu alma realmente lo desea, emprende el camino tú solo y tu motivación hará que llegues fácilmente hasta la cumbre!» Sin preparación previa y con semejantes consejos, lo más probable es que no tardaras en sufrir un grave accidente… Y lo mismo sucede para llegar hasta una vida sin humo. Si antes no te preparas bien, en cuanto tengas ganas de fumar acabarás cediendo. A medida que aumenta tu necesidad de fumar, disminuye tu motivación. Tus ideas se irán desvaneciendo y pronto volverás a estar donde estabas: ¡fumando!

Los estudios realizados demuestran lo siguiente: ¡La mayoría de los fumadores pueden vencer su adicción si siguen el método adecuado!

El tabaco, una planta procedente de América

Un veneno para el mundo

Alrededor del año 1600, el botánico francés Jean Nicot fue enviado a territorios españoles y empezó a recomendar el empleo del tabaco como medicina, haciendo que se popularizase el hábito de fumar. De él recibe el nombre la toxina oleosa que constituye el principal principio activo de los cigarrillos: la nicotina. Pero la historia del tabaco empezó mucho antes. Fue en América, hace más de 5.000 años.

Un cultivo de altura

Los aztecas ya conocían el efecto placentero que produce el fumar tabaco. Antes de la llegada de Colón, los pueblos nativos americanos ya habían desarrollado una floreciente cultura del tabaco y las hojas secas de esta planta se vendían en los mercados. También las enriquecían ya con los primeros aditivos, como por ejemplo «ambra» de resinas aromáticas y esencias de flores. Se fumaba en «tobagos» que eran unos tubos de caña, hueso, madera o incluso de plata. Con el paso del tiempo, el vocablo «tobago» dio origen a «tabaco». Las palabras «cigarro» y «cigarrillo» proceden del término maya «sikar», que significa «fumar».

Una venganza tardía

Colón llegó a América en el año 1492 y los nativos agasajaron a los visitantes ofreciéndoles sus tesoros, entre los cuales había hojas de tabaco. Pero los españoles preferían el oro y tiraron las hojas.

Más tarde les repitieron el regalo, y entonces lo aceptaron, iniciándose así su expansión. Actualmente fuman más de mil millones de personas en todo el mundo, y cientos de miles mueren a causa de este hábito. Así es como el tabaco se convirtió en el oro verde y venenoso: la tardía venganza de los nativos contra los conquistadores que los sometieron.

El triunfo

El «Viejo Mundo» estaba muy pendiente de todo lo que traían los navíos que llegaban de las Américas. Y así es como conoció la planta del tabaco. Al principio la ignorancia hizo que se cometiesen muchos fallos: al igual que en los primeros tiempos la gente se comía las hojas de la patata en vez del tubérculo, también emplearon las raíces del tabaco en lugar de sus hojas. La hermosa apariencia de la planta del tabaco hizo que fuese muy apreciada en los jardines ornamentales. Finalmente, los marinos y misioneros que regresaban de ultramar empezaron a en-

señar cómo empleaban el tabaco los indios. En cuestión de cien años el uso del tabaco se había extendido por todo el mundo llegando incluso a Japón.

Los alemanes y los italianos empezaron a fumar incluso antes de probar las primeras patatas y tomates que llegaban de América. Johann Sebastian Bach escribió una canción de alabanza a la «Pipa de tabaco». Todavía no se conocían los cigarrillos.

Una simiente conflictiva

La primera plantación de tabaco de Europa se cultivó en Estrasburgo en el año 1620, colocándose así la simiente de la discordia. El fumar dividió a las naciones. El rey de Inglaterra prohibió el cultivo del tabaco porque: «Destruye la herencia de algunos jóvenes caballeros y se esfuma con el humo desapareciendo en la nada». En otros lugares también se tomaron medidas drásticas. El zar Fiódor I de Rusia mandó que a los fumadores se les cortase la nariz. En China, la venta de tabaco se castigaba con la pena de muerte.

La industrialización

Hacia el año 1800, los mendigos y los soldados empezaron a envolver el tabaco para poder fumarlo. Las pipas eran muy caras y no se las podían permitir. Finalmente, fue la industrialización la que convirtió al cigarrillo en un producto para el consumo masivo. Y al mismo tiempo se convirtió en un símbolo de libertad y de emancipación. Burgueses, campesinos o nobles, hombres o mujeres: todos se aficionaron al cigarrillo, y así sigue siendo hoy en día. Pero con una diferencia: el mito del cigarrillo se ha evaporado. Antes existían elegantes salones para fumadores, hoy cada vez es más frecuente que los fumadores se queden en la puerta o tengan que salir al balcón.

La nicotina produce adicción

El alcohol alegra, la heroína es euforizante, la cocaína eleva el ego, con marihuana todo da lo mismo. Junto a estas potentes drogas, la nicotina podría parecer una sustancia casi inofensiva. Pero la nicotina no crea una dependencia menor en sus adictos: crea una adicción tan rápida e intensa como la de las drogas duras, aunque el efecto de estas últimas sea más espectacular. La nicotina del tabaco se esconde como un lobo con piel de cordero.

Un veneno no sólo para los nervios

La nicotina no es un tóxico común. En la naturaleza, este alcaloide solamente se encuentra en la planta del tabaco. A los parásitos que se comen las hojas de la planta del tabaco, la nicotina les quita el apetito para siempre ya que alcanza de lleno a su sistema nervioso –con resultados letales–. Sin embargo, a las personas el humo del tabaco no las mata, sino que las estimula. Pero esta sustancia neurotóxica también es la responsable de que el fumador se convierta en adicto. Y la mezcla de sustancias tóxicas que se forma por condensación es la responsable de que llegue un momento en que los fumadores no gocen de la misma salud que los no fumadores y mueran antes –generalmente de infarto o de cáncer de pulmón–. Por tanto, la nicotina es el enemigo contra el que ha de luchar el adicto al tabaco.

Su efecto en el organismo

La hormona acetilcolina es uno de los principales neurotransmisores de nuestro sistema nervioso, y la nicotina tiene una estructura química muy similar a la suya. Todos los receptores y conexiones que son sensibles a la acetilcolina lo son también a la nicotina. Y así es como la nicotina influye en todo el sistema nervioso, empezando por el cerebro y siguiendo por la médula espinal y todos los nervios que parten de ella para llegar a todos los órganos y miembros. De este modo, la nicotina regula las principales funciones de todos los órganos. En las cápsulas suprarrenales la nicotina estimula la secreción de adrenalina, que es la hormona que pone al organismo en alerta cuando se produce una situación de estrés.

Dosis normales

Cuando la nicotina se toma en dosis normales –de cinco a veinte cigarrillos al día– actúa como estimulante de las vías nerviosas. La mayoría de los órganos responden inmediatamente a su efecto. Aumentan el pulso y la tensión y se con-

NOTA

UN VENENO QUE NO CONOCE OBSTÁCULOS

La nicotina es hidrosoluble y liposoluble. Por lo tanto, sus moléculas pueden acceder a todos los fluidos y células del organismo.
Ni siquiera el cerebro está a salvo de la nicotina (a pesar de que posee unas células especiales que envuelven a los vasos sanguíneos y cuya misión es la de impedir la entrada de sustancias perjudiciales). Su gran solubilidad hace que se pueda absorber a través de las mucosas de la boca, la nariz y el estómago, y por los pulmones y la piel. Por eso, además de cigarrillos, también existe tabaco para inhalar.
Para perder la adicción al tabaco se emplea nicotina en forma de parches, chicle, caramelos y pulverizador nasal.

traen los vasos sanguíneos, especialmente las pequeñas venas de las manos y los pies. Esta constricción hace que disminuyan el riego y la temperatura de la piel. La actividad intestinal se ralentiza y aumenta el consumo de energía. Por este motivo los fumadores consumen diariamente unas 200 kcal más que los no fumadores.

Dosis elevadas

En dosis elevadas –más de 20 cigarrillos al día– la nicotina bloquea las conexiones nerviosas del organismo. Las deja activadas permanentemente de modo que ya no pueden recibir nuevas señales. Se crean situaciones de riesgo para el corazón y el aparato circulatorio. Pueden presentarse vómitos, dolores de cabeza, taquicardias, temblores, hipotensión, hipotermia y diarrea. Pero el organismo humano es sumamente adaptable, y las personas que fuman en cadena acaban desarrollando una tolerancia a la nicotina. Apenas se ven afectadas por estos efectos secundarios, ya que su organismo se va acostumbrando a las toxinas disminuyendo su efecto. El metabolismo aprende a convivir con la droga y a neutralizarla.

Dosis letales

50 mg de nicotina inyectados en sangre son suficientes para matar a una persona. Es la cantidad contenida en seis cigarrillos.

Si se «disfruta» de la nicotina en dosis superiores produce efectos letales: se bloquea la transmisión de impulsos de los nervios a las células musculares y la musculatura se paraliza. Y esto afecta principalmente a los músculos respiratorios, por lo que la muerte se produce por paro respiratorio pero estando el enfermo totalmente consciente –una muerte horrible que inspiró la novela de Agatha Christie titulada *Nicotina*–. Pero las personas que fuman no mueren directamente por la nicotina, ya que esta toxina se distribuye muy rápidamente por todo el organismo y se elimina con la misma rapidez. Los fumadores empedernidos inhalan diariamente una dosis letal de este veneno, pero no llegan a alcanzar la concentración mortal.

¿Qué sucede en la cabeza?

Donde la nicotina actúa con más fuerza es en el centro de control de todo el organismo, es decir, en el cerebro. Allí interfiere en un fantástico mecanismo formado por miles de millones de células cerebrales. Las «células grises» son verdaderos genios de las comunicaciones. Se conectan entre sí mediante miles de pequeñas ramificaciones por las que fluyen impulsos eléctricos a gran velocidad. Al final de cada ramificación existe una pequeña separación que la aparta de la siguiente célula. Esta separación se cubre mediante los neurotransmisores que intervienen en los procesos cerebrales, como por ejemplo la acetilcolina. Las ramificaciones neuronales producen estos transmisores y los vierten en la separación entre neuronas. Una vez empleados regresan a su lugar de origen y esperan la llegada del siguiente impulso. De este modo la información pasa de una célula cerebral a otra –millones de veces por segundo–. Y así es como en las distintas partes del cerebro aparecen los pensamientos, las emociones, el conocimiento, etc.

Eficacia en cuestión de segundos

Desde que se aspira el humo del cigarrillo, las moléculas de nicotina tardan solamente siete segundos en llegar al cerebro y situarse en las neuronas. Actúa en todos los lugares en los que normalmente está activa la acetilcolina. Induce la secreción de una gran cantidad de otros transmisores y produce una cascada de reacciones en todo el cerebro: en muchas zonas se produce una abundante secreción de noradrenalina, dopamina, serotonina y endorfinas.

TEP: PARA VER LA ADICCIÓN, A TODO COLOR

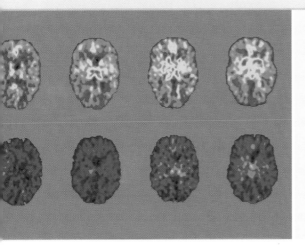

INFO

La tomografía por emisión de positrones (TEP) nos permite visualizar el metabolismo cerebral de un no fumador (*arriba*) y compararlo con el de un fumador (*abajo*). El color azul indica un bajo nivel de MAO B.
Este enzima es necesario para descomponer el neurotransmisor dopamina, ya que el nivel de dopamina es más elevado en los fumadores.
Y la dopamina se encarga de reforzar nuestra conducta adictiva.

Desencadenan las sensaciones que tanto aprecian los fumadores. Si la nicotina estimula la secreción del neurotransmisor noradrenalina se activan la atención, la memoria y la capacidad de aprendizaje. La serotonina y las endorfinas producen una agradable relajación unida a una sensación de felicidad. La dopamina también produce sensación de felicidad, pero con excitación. En este proceso intervienen principalmente dos áreas cerebrales: el centro de activación y el de gratificación.

Estimulación del centro de activación

Los fumadores creen que su concentración y las buenas sensaciones dependen del tabaco.

Concretar una entrevista importante, hacer la declaración de renta, preparar los exámenes: son momentos en los que hace falta mucha concentración y pensar solamente en sacar el mayor provecho de lo que se está haciendo. Y de todas estas aptitudes se responsabiliza un neurotransmisor cerebral, la noradrenalina, que es el que proporciona «momentos de inspiración» al centro de activación, la parte más desarrollada del cerebro. Se trata de un sistema que ha ido evolucionando a partir de su ubicación original en el centro del cerebro, en el llamado «núcleo azul». A él pertenece un haz de fibras nerviosas que se prolonga hacia la frente y que conocemos como «córtex prefrontal». Está región actúa como «reserva de trabajo» de la memoria. Aquí no sólo se almacenan todas las informaciones útiles y se actualizan los datos antiguos en función de su importancia, sino que también se potencia la concentración, la capacidad de aprendizaje y el pensamiento. Dado que la nicotina posee la clave para acceder a este centro, puede activarlo y estimularlo. Por lo tanto, no es de extrañar la adicción al tabaco que se observa entre las personas con profesiones que exijan mucho esfuerzo mental y una gran capacidad de concentración. Así, la nicotina suele entrar en juego cuando un periodista está escribiendo un artículo, cuando un guionista está repasando el guión de su próxima película o cuando un actor está aprendiendo de memoria su nuevo papel.

¿Acaso tienen los fumadores alguna ventaja ya que la nicotina estimula su memoria de trabajo y con ello el aprendizaje, la concentración y la memoria? La respuesta es muy clara: ¡No! Los científicos han analizado a fondo esta cuestión. Se trataba de intentar encontrar las diferencias en el estado de atención y el rendimiento para tratar la información de fumadores y no fumadores. Para ello se midieron los impulsos cerebrales de ambos grupos y se comprobó que las señales de activación eran idénticas en los no fumadores y en los fumadores que acababan de fumar inmediatamente antes de la prueba. Pero los fumadores que se vieron obligados a prescindir del tabaco durante más tiempo no fueron capaces de concentrarse tan bien. Su grado de atención y de concentración disminuyeron notablemente. Solamente fumando lograron alcanzar el nivel de los no fumadores. Sin embargo, los fumadores insistieron en haber experimentado un considerable aumento en su rendimiento.

Equilibrio para la mente

Una vida sin tabaco. A muchos fumadores les provoca verdadera ansiedad el solo hecho de pensar en ello. ¿Cómo logrará soportar los momentos de estrés o superar los pequeños altibajos de la vida cotidiana? Tienen la terrible sensación de que acabarían perdiendo el equilibrio mental.

A pesar de que los fumadores creen que fumar relaja, se ha demostrado que la nicotina puede provocar angustias, depresiones y estado de ansiedad.

Los fumadores habituales intentan controlar sus emociones a base de cigarrillos. Y en esto también les ayuda el centro de activación, pero no solo, sino en colaboración con otras regiones del cerebro. La capacidad para aprender, pensar y planificar se ve influida por las emociones, y éstas dependen del estado en que se encuentre la persona en ese preciso momento. Éste es el motivo de que la memoria de trabajo esté conectada a otras partes del cerebro relacionadas con las emociones: un gran haz de fibras nerviosas lo une al sistema límbico, el «generador de emociones», sin el cual no podríamos sentirnos tristes ni felices. Nos permite experimentar las emociones, pero también añade o quita carga emocional a informaciones emocionalmente neutras.

Al estar permanentemente conectado a estas áreas cerebrales «cargadas» de emociones, el centro de activación puede compensar las oscilaciones emocionales y mantener la mente equilibrada. El fumador recurre al tabaco en los momentos en que su estado emocional tiende a bajar. Cuando se encuentra en un punto emocionalmente bajo, lo remonta mediante la nicotina. Pero si está demasiado tenso, la emplea para serenarse. Y lo sorprendente del caso es que puede regular este equilibrio mediante la frecuencia y la intensidad con la que aspira el humo del cigarrillo: las aspiraciones breves y rápidas con poca nicotina le permiten estar más despierto y aumentan su energía, su concentración y su capacidad de aprendizaje. Pero también reducen el apetito y actúan como un «freno» para el hambre. Por otra parte, las aspiraciones profundas y con grandes dosis de nicotina producen un efecto relajante.

Estimulación del centro de recompensa

«¡Conseguido! ¡Ahora me fumo un cigarrillo!» ¿Qué fumador no conoce esos momentos en los que disfruta de su cigarrillo e inhala profundamente las primeras bocanadas? Es una recompensa, produce una sensación de placer y de satisfacción.

Sin embargo, en ese momento el fumador no sabe de qué modo está actuando sobre el centro de recompensa de su cerebro. Esta importante región del cerebro está formada por una red de neuronas y se encarga de suministrarnos sensaciones agradables. El centro de esta acumulación de neuronas es lo que conocemos como *nucleus accumbens*, un núcleo del sistema límbico, que es el origen de las sensaciones. Y de él parten los haces que lo conectan a otras partes del cerebro. Una fuerte chupada al cigarrillo y con la primera oleada de nicotina se abrirán en este centro las compuertas de la dopamina. Esta hormona es un neurotransmisor que proporciona la sensación de estar viviendo un momento placentero.

Pero la naturaleza no ha creado esta parte del cerebro para la nicotina, sino que ha reservado ese generador de felicidad para otros momentos de la vida: si nos apetece una tarta de nata, si esperamos nuestra primera no-

¿FUMAR PARA CONTROLAR EL ESTADO DE ÁNIMO?

El fumador tiene la sensación de que inhalando más o menos nicotina podrá influir en sus sensaciones y emociones y que así logrará controlarse. Pero lo que no sabe es que el efecto siempre es a corto plazo y que luego la falta de nicotina le hará estar peor de lo que estaría un no fumador. Por lo tanto, se ve obligado a volver a encender un cigarrillo para seguir controlando su estado anímico.

che de amor o si finalmente hemos conseguido entradas para ese concierto; las células del centro de recompensa se activarán en cuanto hayamos alcanzado nuestra meta.

Según el Dr. Andreas Heinz, de Berlín, experto en adicciones, «la naturaleza ha previsto el sistema para que el hombre y otros seres vivos recuerden algunas cosas imprescindibles: comer, reproducirse, relacionarse entre sí. Todas estas actividades se ven recompensadas por sensaciones placenteras, lo cual estimula a repetirlas con frecuencia».

Pero las aptitudes del centro de recompensa también pueden inducir a consumir sustancias que produzcan esas sensaciones placenteras sin estar relacionadas con actividades vitales. Así es como el hombre descubrió las drogas. Son sustancias que se aprovechan del centro de recompensa: la dopamina y el *nucleus accumbens* son el punto de anclaje de todas las drogas, trátese de heroína, de cocaína, de alcohol o de nicotina. Todas estas sustancias activan los interruptores biológicos del centro de

En los momentos de felicidad se segrega dopamina en el cerebro. La nicotina puede provocar este efecto artificialmente.

recompensa y hacen que la dopamina fluya abundantemente entre las células nerviosas. Una vez se ha empezado, la adicción está a un paso. O, en todo caso, no muy lejos. Ahora el cerebro inicia un proceso de aprendizaje. La heroína, la cocaína y el alcohol se caracterizan por afectar a los sentidos e ir alterando y destrozando progresivamente la personalidad. Pero la nicotina es una droga mucho más refinada. Actúa sin que nos demos cuenta, pero dejando una huella muy profunda en el subconsciente…

El camino hacia la adicción

Lo que provoca la adicción no es solamente la nicotina. El fumar produce una sensación agradable y gratificante, por lo que suele acompañar a momentos y situaciones especiales: un cigarrillo acompañado de un café con leche es pura relajación, una buena comida se culmina disfrutando de un cigarrillo, y la noche con los amigos se hace más agradable fumando en compañía. El problema es que nuestra memoria aprende a asociar lugares y situaciones con el efecto de la droga. De este modo, la sustancia y la situación en la que se fuma quedan incrustadas en la sensación de recompensa. Se crea una «memoria adictiva» y al fumador le es muy difícil borrar esta memoria, incluso si ya hace tiempo que nota una cierta aversión hacia el tabaco.

Pero las células del placer reaccionan incluso ante la mera posibilidad de la gratificación. Es lo mismo que sucede en los juegos de azar: cuanto más incierto sea el premio, mayor será la tensión y más intensa será la reacción de esas células. Y parece ser que las mujeres tienen un factor que intensifica esta adicción: un estudio realizado en EE.UU. parece indicar que son especialmente adictas a la sensación que experimentan cuando el nerviosismo disminuye mientras fuman.

Nicotina al cubo

Al fumar actúan varios factores que provocan la adicción, ya que los

Para los fumadores, la pausa del café no sería completa sin un cigarrillo.

cigarrillos crean adictos y en cambio los parches y chicles de nicotina no: es el modo en que se ingiere la droga. El que fuma se da un «empujón». El que fuma aumenta sus puntos de anclaje para la nicotina, por tanto, recibe mayor dosis de dopamina. El que fuma lo hace siempre en determinadas ocasiones, y el cerebro las recuerda. Todo esto no se lo pueden ofrecer ni los chicles ni los parches de nicotina.

Explosión en la cabeza

¿Qué es lo que crea adicción al cigarrillo? Después de ser inspirada por los pulmones, la nicotina llega al cerebro en tan sólo siete segundos. Es un récord: la acción más rápida de todas las drogas conocidas. Satisfacción instantánea, fuegos artificiales en la cabeza, un incremento explosivo del metabolismo cerebral. Esta acción es la que convierte a la nicotina en imprescindible. El cerebro quiere más de esta sustancia.

Sin embargo, ponerse un parche de nicotina sobre la piel o masticar un chicle de nicotina es algo muy distinto. Aquí la nicotina fluye lenta y uniformemente hacia el cerebro, algo nada espectacular para el fumador.

Lo que produce las sensaciones placenteras no es un flujo continuado, sino las dosis que llegan al cerebro de forma rápida y masiva. Por esto el placer y la satisfacción duran tan poco. Pronto se ven sustituidas por una callada insatisfacción. Se despierta el deseo de recibir más. Y esto es lo que provoca adicción a la nicotina.

Creación de nuevos receptores

El cerebro posee la facultad de adaptarse a cualquier oferta de informaciones y señales. Si se le exige mucho, las neuronas crean nuevas ramificaciones para poder captar más información, procesarla y transmitirla a las demás neuronas.

El cerebro también se adapta a la nicotina. Si al fumar fluye una oleada de nicotina detrás de otra, las neuronas se esforzarán en capturar a todas las moléculas de nicotina que les lleguen. Si sus receptores no son suficientes, las células nerviosas simplemente producirán una nueva multitud de receptores en sus ramificaciones. Por tanto, el aumento de las dosis de nicotina hace que aumente también la cantidad de receptores. Pero al aumentar el número de éstos también disminuye su sensibilidad, lo cual hace que haya que aumentar la dosis de la toxina. (Al analizar cerebros obtenidos en la necropsia de fumadores, se han hallado el doble de receptores que en los de los no fumadores.) Cuanto mayor sea el número de receptores y mayor sea la cantidad de nicotina que le llega al organismo, mayor será la cantidad de neurotransmisores que se segreguen. Si de repente cesa el flujo de nicotina, los receptores se encontrarán vacíos. Se produce lo que conocemos como síndrome de abstinencia. Pero también tenemos buenas noticias: al dejar de fumar, el número de receptores vuelve a recuperar la normalidad.

Del deseo a la necesidad

El que soporte el frío de la noche para salir en busca de una máquina para comprar su paquete de cigarrillos, el que no pueda tolerar un vuelo de cinco horas en el que esté prohibido fumar, ése sabrá que se ha convertido en un adicto. Ya no puede quitarse el tabaco de la cabeza, la necesidad de fumar lo supera. El afectado es un adicto. Pero esto no sucede de repente. Al principio, el fumador aprende a desear la droga; quizá ya de niño o de adolescente, en la escuela o en su primer empleo. A veces es sólo la curiosidad, las ganas de sentirse como un adulto, la necesidad de reconocimiento, el imponer sus deseos. O a lo mejor fumó su primer cigarrillo como señal de protesta o a consecuencia de algún desengaño; hay motivos de sobra.

Más adelante el fumador aprende a amar a la droga, su compañía y su acción relajante, por ejemplo al acompañar una copa de vino, al hablar por teléfono o al

INFO

ESTÍMULOS CLAVE PARA LAS CÉLULAS GRISES

El cerebro retiene todas las sensaciones y percepciones asociadas al tabaco. Y siempre que estos estímulos claves llegan al consciente se despierta la necesidad de fumar. Estos estímulos clave pueden ser sensaciones y situaciones, pero también percepciones, personas, hábitos o lugares.

esperar el autobús. Ya el hecho de encender el cigarrillo se convierte en un acto placentero. Al final se tiene la imperiosa necesidad de fumar, especialmente en situaciones y lugares en los que está prohibido hacerlo. El fumador necesita satisfacer urgentemente su necesidad para calmar su nerviosismo y su inquietud interna, o para elevar su estado de ánimo... La necesidad de «sustancia» se mantiene incluso cuando el fumador tose por la mañana, ya que el cerebro ha aprendido a depender de la droga.

Proceso de aprendizaje en tres fases

El cerebro del fumador empieza a adaptarse y programarse para la nicotina desde que la primera inhalación llega a sus pulmones. Pero las células grises deberán pasar por un proceso de aprendizaje hasta llegar a la adicción definitiva. Su maestro será la nicotina, y el fumador perfeccionará inconscientemente todo el programa mediante su comportamiento y su relación con el cigarrillo. Este proceso de aprendizaje se desarrolla en tres fases.

Fase 1: El principiante

El centro de activación se encarga de estimular a la persona en determinados momentos, o de tranquilizarla. En el centro de recompensa intervienen la ilusión y la felicidad. La nicotina potencia todos estos efectos. Por tanto, fumar es a la vez excitante, relajante y satisfactorio. Se soporta mejor el estrés y los buenos momentos son aún mejores. Cuando el desánimo aqueje al fumador, fumar puede hacer que desaparezca la sensación de insatisfacción –lo que motiva a repetirlo siempre que se pueda–. Los expertos lo denominan «refuerzo positivo».

El cigarrillo de la mañana es el que produce un mayor efecto, después el efecto de la nicotina disminuye según el número de cigarrillos fumados.

Fase 2: El avanzado

Veinte cigarrillos al día son unos 7.000 al año (unas 70.000 inspiraciones), y esto hace que el fumar le ofrezca al cerebro una inmejorable base para relacionar felicidad y alegría con las mismas acciones y las mismas situaciones. La constante repetición hace que el cerebro aprenda a percibir también como estímulo de la recompensa el entorno en el que se consume la nicotina. Esto se graba profundamente en el subconsciente y se conserva durante largo tiempo como memoria adictiva. Sucede lo mismo que con el conocido experimento de Pavlov con los perros: la saliva empieza a fluir cuando el animal oye una campanilla con la que antes se le avisaba de que ya tenía su comida. Al fumador le sucede lo mismo. Le entran ganas de encender un cigarrillo en cuanto entra en un bar o ve a otra persona fumando. Este proceso lo denominamos «condicionamiento clásico».

Fase 3: El experto

Los recuerdos y experiencias agradables crean dependencia en el fumador. En cuanto baja el nivel de dopamina en el centro de recompensa, aparece de nuevo la memoria adictiva. Tanto si es después de una dura jornada laboral, al acabar de ver una buena película o por puro aburrimiento; se halla necesitado de una gratificación, relajación o excitación. Si se prescinde de ellas no tardarán en manifestarse los primeros síntomas de la abstinencia. Se despierta la urgente necesidad de un cigarrillo. Aumenta la inquietud interna y es imposible concentrarse. La orden es muy clara: el cerebro necesita la sustancia que influye positivamente en el estado de ánimo, o con cuya ayuda puede restablecer el equilibrio psíquico. Esta interrelación la conocemos como «refuerzo negativo».

> La memoria adictiva es especialmente activa cuando desciende el nivel de nicotina en el centro de recompensa.

Especialmente traidores: potenciadores de la adicción

Pero en el cigarrillo que enciende el fumador no sólo hay tabaco, y tampoco es solamente la nicotina lo que crea adicción. Conviene plantearse qué es lo que hay en ese cigarrillo. Las industrias tabaqueras afirman inocentemente que sólo hay «tabaco y un par de aditivos para mejorar el aroma». Pero los investigadores fruncen el ceño afirmando que «sería mejor hablar de potenciadores de la adicción». Entre las muchas sustancias que se mezclan con el tabaco encontramos mentol, miel, caramelo, cacao, vainilla y amoniaco.

Para despejar los pulmones

El mentol despeja las vías respiratorias, por lo que los cigarrillos que contienen esa sustancia aromática permiten que el fumador inhale el humo más profundamente. Así se puede absorber mejor la nicotina. Los cigarrillos mentolados son la droga ideal para iniciar a los niños, ya que a éstos suele gustarles el sabor a menta. Como el mentol abre sus vías respiratorias y sus pulmones, la nicotina puede llegar al cerebro como un rayo y crear adicción desde el primer cigarrillo. Si el tabaco contiene cacao, la teobromina también dilata los bronquios. Así también se absorbe más nicotina y aumenta el efecto adictivo.

Excitantes nerviosos

La miel y el caramelo contienen azúcar, son dulces y tienen muy buen sabor. Y aquí está el truco: cuando el azúcar se quema en la punta del cigarrillo produce acetaldehído. Esta sustancia no sólo potencia el efecto de la nicotina, sino que también provoca adicción por sí misma. Así los nervios se excitan por partida doble.

Las industrias tabaqueras emplean miel para que los cigarrillos tengan un agradable sabor dulce.

Liberadores de nicotina

La vainilla aumenta el pH del humo haciendo que la nicotina se separe más fácilmente de las partículas de alquitrán y que así pueda fluir mejor en los alveolos pulmonares. De este modo, la vainilla hace que se libere toda la potencia de la nicotina y el fumador recibe un «empujón» más fuerte. Un importante efecto secundario: al aumentar el pH del humo, los cigarrillos bajos en nicotina producen un efecto igual al de los cigarrillos «normales», por lo que el nivel de nicotina es igual en la saliva de las personas que fuman cigarrillos normales que en las que fuman «light».

Para superar obstáculos

El amoniaco hace que la nicotina sea más liposoluble, lo cual le permite penetrar mejor en los tejidos del cuerpo y llegar hasta el cerebro. Así su acción es más rápida y más fuerte. ¿Es el amoniaco el secreto de Marlboro? La industria tabaquera reconoce que al tabaco se le añade amoniaco, por lo menos en

La combinación de aburrimiento y estrés –como cuando se espera impacientemente el autobús o el tren– crea la típica situación en la que un fumador no tarda en encender su cigarrillo.

EE.UU. Sin embargo, los fabricantes se defienden alegando que esa sustancia también se encuentra en la planta del tabaco.

¿Has tenido suerte?

Por su naturaleza, podemos dividir a los fumadores en tres grandes grupos: En el primero están aquellos afortunados a los que el tabaco nunca logrará dominar. Pueden dejar de fumar en cuanto quieran sin tener dependencia. En el otro extremo tenemos a los desafortunados que se enganchan inmediatamente a la droga de la nicotina. Y también hay quienes se van haciendo adictos progresivamente, de cigarrillo en cigarrillo. Los profesionales se sorprendieron al ver los resultados que arrojaba un estudio sobre la juventud norteamericana. Los datos mostraban que para hacer que las personas propensas a ello se vuelvan adictas es suficiente con dos cigarrillos. Sin embargo, hay otras que fuman más de diez cigarrillos diarios y apenas presentan indicios de adicción. Por tanto, cuando algún ex fumador te explique lo fácil que es y lo poco que le costó dejar de fumar, ¡no dudes de ti mismo! ¡Y tampoco dudes de él! A lo mejor es uno de los afortunados del primer grupo. Sin embargo, es mejor que te dejes aconsejar por uno de los muchos «adictos» que han logrado dejar de fumar, ¡que también los hay!

DEFINICIÓN DE ADICCIÓN

El farmacólogo describe la adicción a partir de la droga, el psicólogo la hace a partir de la personalidad, y el sociólogo se basa en el entorno. Cada profesional ve la adicción desde su propio punto de vista. Pero todos llegan a un mismo resultado: el adicto es aquel que desea la droga en cuerpo y alma, el que depende de ella.

Dependencia física

Todas las drogas alteran los procesos biológicos normales del cuerpo. Procesos que el hombre necesita para vivir. El organismo aprende rápidamente a asimilar la sustancia y a neutralizar sus toxinas. Pero también aprende a dominar los efectos desagradables, como por ejemplo los mareos y las náuseas que se producen las primeras veces que se fuma. Con el tiempo, el consumidor cada vez necesita más droga para conseguir un mismo efecto. Las dosis aumentan progresivamente hasta llegar a un nivel en el que se estabilizan. Los fumadores empedernidos necesitan encender un cigarrillo cada veinte minutos. Si no se les proporciona tabaco aparecen síntomas de abstinencia. Los síntomas de la dependencia física son:

> Hábito.
> Consumo creciente.
> Síntomas de abstinencia tales como inquietud y nerviosismo.

Dependencia psíquica

La dependencia psíquica se manifiesta en forma de una intensa necesidad de droga. El objetivo: despertar sensaciones agradables y evitar las desagradables. En algunas situaciones les será imposible prescindir del tabaco. Al igual que los alcohólicos dicen que se pueden ver «forzados a beber», los fumadores pueden ser «inducidos a fumar». Sin darse cuenta, el fumador empieza a organizar su vida en función de la droga. Deberá tener cigarrillos disponibles en todas partes: en la casa, en el despacho, en el coche. Cuidará el encendedor para tenerlo siempre a mano. Tanto si sale una noche para ir al cine como si se va de vacaciones: el paquete de su marca favorita es más importante que las entradas o que el pasaporte. A algunos incluso les importa más fumar tranquilamente que encontrarse con sus amigos no fumadores. Cuando se le acaban los cigarrillos, el fumador es capaz de hacer cualquier cosa con tal de conseguir más droga. A pesar de que sabe cuales son sus efectos, continúa consumiéndola. Los principales síntomas de la dependencia psíquica son:

> Apetencia por la droga.
> Se siente obligado a consumirla y a disponer siempre de ella.

NOTA

Si a un fumador le es especialmente difícil dejar de fumar es posible que la causa esté en el SLC6A3. Este gen con un nombre tan extraño contiene los planos para fabricar un enzima que regula la descomposición de la nicotina en el cerebro. Si el gen SLC6A3 está ligeramente alterado, la nicotina no se descompondrá tan rápidamente. Un fumador con un gen de estas características siempre tendrá un nivel de nicotina algo más elevado que el de los demás. Dado que estará habituado a ello, le costará más dejarlo porque tendrá que partir de un nivel de nicotina más elevado. Pero el factor genético no es ninguna excusa para no conseguir dejar de fumar. El SLC6A3 no es un «gen de los fumadores», tengamos en cuenta que la adicción es un proceso de aprendizaje. Es algo que se ha entrenado y que hay que volver a desentrenar. Los fumadores con un nivel de nicotina más alto tendrán que practicar un poco más que los demás, y en los momentos críticos quizá necesiten ir a la farmacia a buscar ayuda en forma de parches o chicles de nicotina.

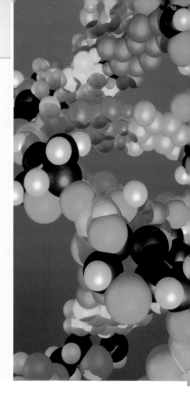

Del mismo modo que la dependencia de la nicotina puede ser muy variable, también sus síntomas de abstinencia físicos y psíquicos pueden variar mucho de unas personas a otras. Generalmente, los síntomas físicos de la abstinencia solamente duran la primera semana. Un 30 % de los fumadores presentan molestias físicas muy manifiestas y otro 30 % las presentan muy leves. Lo que más dificulta el proceso de dejar de fumar son los síntomas psíquicos de la abstinencia.

Abstinencia física

Ya han pasado 30 minutos desde el último cigarrillo. Los sensores del cerebro avisan de que el nivel de nicotina está bajo. Empiezan a aparecer los primeros síntomas de un ligero nerviosismo. Si el nivel sigue descendiendo, aumentará el estado de inquietud, disminuirá la concentración y el estado de ánimo no será bueno. Cuando el nivel alcance su nivel más bajo, ya no podrá dejar de pensar en el próximo cigarrillo. En esos momentos el fumador será incapaz de concentrarse en su trabajo. Y ¡ay! si algo no sale como debiera. Le molestarán incluso las personas que estén cerca de él y responderá desproporcionadamente ante cualquier insignificancia. Puede volverse irritable, o incluso agresivo. Su tolerancia ha bajado a niveles críticos. El adicto podría saltar por los aires.

En los años sesenta, un fabricante de cigarrillos encontró la solución para esta desagradable situación –el hombrecillo que aparecía en los anuncios de la marca HB nos decía: «¿Por qué saltar por los aires? ¡Es mejor un HB!»–. La necesidad se convertía en virtud: los síntomas de abstinencia había que combatirlos con la propia droga. En el anuncio de televisión se mostraban claramente los principales síntomas de la abstinencia de nicotina, es decir, nerviosismo, falta de concentración e irritabilidad.

Activación en la zona roja

Los síntomas nos indican que el nivel de noradrenalina ha descendido por debajo del nivel crítico: el centro de activación está en abstinencia. El fumador emplea su cigarrillo para aumentar su activación a corto plazo. La falta de nicotina produce exactamente el efecto contrario: la atención decae, el estrés se hace insoportable, el equilibrio mental se altera, aparecen la inquietud, la ira y la angustia, por la noche no se puede conciliar el sueño. Además hacen su aparición el hambre y el apetito que tan fácil era mantener a raya con el tabaco. Y el intestino también refleja esta abstinencia ya que le falta la nicotina que lo excitaba. Consecuencia: sus movimientos son más lentos y la persona puede empezar a sufrir estreñimiento y flatulencias.

EL MISTERIO DEL CIGARRILLO DE LA MAÑANA

Al fumar un cigarrillo con filtro, del 5 al 12 % de la nicotina se queda en la boca. Aproximadamente un 90 % de la nicotina inspirada en cada inhalación pasa a los bronquios, y de allí al torrente sanguíneo. Así, cada inspiración hace aumentar rápidamente el nivel de nicotina en el cerebro. Y eso produce un abundante flujo de neurotransmisores. Al dejar de fumar, baja el nivel de nicotina, y con él la producción de neurotransmisores. Pero, y esto es lo más importante, a lo largo del día el nivel de nicotina nunca llega a caer del todo; en el cerebro siempre queda una cantidad residual de la droga. Y este residuo aumenta con cada cigarrillo que se fuma. Es por la noche, al dormir, cuando el nivel de nicotina desaparece por completo. Por lo tanto, a la mañana siguiente está en su punto más bajo: por decirlo de algún modo, el fumador está «en abstinencia». Y esto es lo que le provoca una acuciante necesidad de fumar el primer cigarrillo del día.

NOTA

Abstinencia psíquica

Es sábado, son las 2 de la madrugada, fuera hace un frío tremendo, la cajetilla de cigarrillos está vacía y no tienes monedas sueltas para sacar tabaco de una máquina. Todos los fumadores conocen perfectamente esta situación. ¡Es una catástrofe! Algunos empiezan a remover toda la casa por si hubiese quedado algún cigarrillo suelto por algún cajón o en el bolsillo de alguna prenda. Pero si la búsqueda resulta ser infructuosa, al fumador no hay nada que lo detenga: rascará el hielo de las ventanillas del coche y emprenderá una gira nocturna por la ciudad, se acercará a una parada de taxis en busca de cambio o irá a comprar tabaco en alguna gasolinera que esté abierta de noche.

La relajación psíquica entre el fumar y determinadas situaciones –reuniones sociales, recompensa, relajación– hace que sea difícil dejarlo.

Un sólo objetivo: conseguir la droga

«¡Por un Camel soy capaz de correr millas!» Un claro síntoma de la dependencia psíquica en caso de abstinencia. Solamente es capaz de correr millas quien necesite saciar una acuciante necesidad de tabaco. Es una drogodependencia, el deseo irrefrenable de consumir tabaco. Los profesionales lo llaman «adicción», y la gente de la calle «vicio». La dependencia de la nicotina convierte la vida del adicto en un infierno. Esta tremenda dependencia está relacionada con el descenso del nivel de dopamina por debajo del nivel crítico. El centro de recompensa está en abstinencia, y la necesidad de droga solamente se satisface suministrándola. El fumador hará cualquier cosa con tal de lograr un aumento súbito de la dopamina. Si no encuentra ningún cigarrillo, buscará otras sustancias capaces de aumentar la producción de dopamina. Los dulces son un remedio ideal. ¡Pero engordan!

La mezcla de toxinas
y sus consecuencias

Imagínate lo siguiente: en el telenoticias de la noche dicen que se ha descubierto que los ositos de goma contienen unas sustancias altamente tóxicas que producen cáncer e impotencia y que obstruyen las arterias. Los fabricantes lo sabían desde hace mucho tiempo, pero hasta hoy han estado negándolo. Seguro que al poco rato de emitirse una noticia así, las líneas telefónicas se pondrían al rojo vivo y a la mañana siguiente los medios de información se concentrarían ante las puertas de los fabricantes, las autoridades sanitarias y las oficinas de defensa de los consumidores. Se consultarían las opiniones de científicos y consumidores y se buscarían nuevas pruebas. Muchos políticos mostrarían inmediatamente su preocupación por el tema y el ministro responsable aseguraría que no sabía nada de esto. Indudablemente, lo primero que se haría es detener la producción en el acto. Con semejantes advertencias es inimaginable que un producto pudiese seguir vendiéndose, con una excepción: los cigarrillos. Éstos tienen carta blanca. Todos sabemos que son muy no-

civos para la salud, pero la mayoría siguen aceptándolos.

El fumador necesita nicotina porque es adicto a ella. Y para ello se ve obligado a respirar más de 4.000 compuestos químicos, de los cuales más de 200 son sumamente tóxicos. Por tanto, no son sólo la nicotina y los alquitranes los que se encargan de acabar con la salud del fumador.

Un concentrado tóxico

Calentar, destilar y mezclar son algunos de los métodos más elementales que se emplean para transformar los productos naturales y obtener otros nuevos. Si el producto obtenido es muy venenoso, el laboratorio lo marca con una calavera. Los técnicos de laboratorio solamente pueden manipular ciertas sustancias si cuentan con las medidas de seguridad adecuadas: deberán emplear una máscara protectora y trabajar bajo una campana para gases. Luego llega la hora del descanso. Ahora pueden inhalar tranquilamente los mismos venenos sin protección alguna.

Las emanaciones del cigarrillo son tan perjudiciales para la salud como el humo tóxico de las chimeneas.

Un cigarrillo es algo así como una fábrica de productos químicos en miniatura. Al encenderlo y aspirar con fuerza, la punta se pone incandescente y alcanza los 950 °C haciendo que el tabaco se transforme en otras sustancias químicas. En la zona de destilación que limita con la zona incandescente, el calor libera vapor de agua que a su vez moviliza otras sustancias. Y éstas se mezclan con los gases procedentes de la zona de incandescencia. Al aspirar se enfría esta mezcla de sustancias sumamente tóxicas y se condensa en forma de concentrado antes de llegar al filtro del cigarrillo. Cuanto más corto sea el cigarrillo, más toxinas se concentrarán en la zona de condensación. Y todo tipo de venenos: desde arsénico hasta ácido cianhídrico.

Un humo muy peligroso

El humo del cigarrillo es un aerosol, es decir, una mezcla de partículas sólidas y gases similar a la de los pulverizadores: aproximadamente un 12 % está formado por partículas diminutas y el resto son gases; y ninguna de estas sustancias o productos volátiles puede calificarse como buena para la salud.

Al aspirar un cigarrillo, le llega a los pulmones una increíble concentración de más de 10 millardos (miles de millones) de partículas que han logrado atravesar el filtro. En estas partículas se encuentran unas 4.000 sustancias, y por lo menos cuarenta de ellas son potencialmente cancerígenas.

Entre las más peligrosas se encuentran las nitrosaminas y los hidrocarburos aromáticos policíclicos. También son muy nocivos los metales pesados tales como arsénico, níquel y cadmio, y los compuestos aromáticos tales como el benzol y los benzapirenos. La mezcla de gases del cigarrillo no es menos peligrosa. Entre las 400 sustancias que se encuentran en estado gaseoso hay tres que destacan especialmente: monóxido de carbono, los compuestos nitrogenados y las dioxinas.

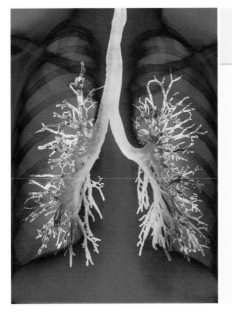

UN PLACER «RADIANTE»

Aunque parezca increíble, en los cigarrillos encontramos también sustancias radioactivas, como por ejemplo plomo 210 y polonio. Las plantas del tabaco tienen la facultad de acumular en sus hojas tanto la radioactividad natural como la procedente de los ensayos nucleares, y las libera al arder en el cigarrillo. A lo largo de su vida de fumador, una persona puede acumular la misma cantidad de radioactividad que si le hubiesen realizado unas 200 radiografías de los pulmones.

NOTA

Monóxido de carbono: el asesino del oxígeno

El oxígeno es fuente de vida. Lo respiramos por los pulmones y pasa a la sangre a través de los diminutos capilares de los bronquios. Los glóbulos rojos se encargan de transportarlo y lo hacen llegar a todas las células del organismo. El peor enemigo del oxígeno es el monóxido de carbono. Un gas que parece sacado de una novela: muy venenoso, sin olor e invisible. Sale, por ejemplo, del tubo de escape de nuestros coches y algunas personas que lo han empleado para poner fin a sus vidas.

Al aspirar el humo de un cigarrillo inhalamos la misma cantidad de monóxido de carbono que si colocásemos la nariz junto al tubo de escape de un coche con el motor en marcha. El fumador acepta bombear en sus pulmones mil veces más monóxido de carbono que el que se permite que haya en cualquier lugar de trabajo.

Quien deja de fumar ya no se queda sin aliento al correr, ahora su sangre puede transportar más oxígeno.

Reducción del aporte de oxígeno

Para poder ser transportado por los glóbulos rojos, el oxígeno tiene que unirse a un pigmento rojo llamado hemoglobina (algo así como los pasajeros del autobús que se sujetan a la barra). Pero el monóxido de carbono tiene la fatal característica de que su capacidad de reacción es 210 veces superior a la del oxígeno que necesitamos para respirar. Y esto hace que al fumar pueda llegar a bloquear hasta una quinta parte de la hemoglobina disponible.

Bajo rendimiento

Cada chupada al cigarrillo hace bajar el nivel de oxígeno en la sangre. El aire se hace escaso; los órganos, los músculos y el cerebro sufren esta falta de oxígeno. Consecuencia: el cuerpo ya no rinde como debería. El corazón, que trabaja duramente bombeando sangre día y noche para suministrar oxígeno y nutrientes a todas las células del organismo, ya no puede compensar esa carencia trabajando más. Y el más afectado por la falta de oxígeno es el cerebro. Todas las pretendidas ventajas del fumar, como el aumento de la concentración y de la capacidad de aprendizaje, se desvanecen ante la reducción en el aporte de oxígeno.

Sangre espesa

Pero el organismo recurre a diversos mecanismos para intentar compensar la falta de oxígeno. Y ahí es donde juega un importante papel una hormona llamada eritropoyetina. El organismo la libera cuando le falta oxígeno. Esto hace que la médula ósea empiece a producir glóbulos rojos e inunde la sangre con ellos. Inconveniente: las sangre se hace más espesa y pierde fluidez, lo cual puede producir la obstrucción de algunos capilares.

Lesiones en las paredes de los vasos

El monóxido de carbono también actúa intensamente sobre las paredes de los vasos sanguíneos. Allí interviene en el metabolismo favoreciendo el paso de las moléculas de grasa: ésta se acumula en las paredes haciendo que se endurezcan, lo que provoca que la irrigación de los órganos empeore de un mes a otro. Y esto afecta especialmente a los vasos del cerebro, del corazón y de los riñones, pero también a los de las piernas. Pero el fumador pasará mucho tiempo sin darse cuenta de esto, hasta que un día «le caiga del cielo» un infarto o un colapso. O tendrá que dejar de pasear al cabo de pocos centenares de metros porque no podrá soportar el dolor de las pantorrillas.

Valores cuestionables

¿Cuál es la cantidad de nicotina y productos de condensación que recibe un fumador por cada cigarrillo? Los valores que se indican en los paquetes los proporciona una «máqui-

UNA BUENA NOTICIA PARA LOS QUE QUIERAN DEJAR DE FUMAR

Si ahora, mientras estás leyendo este libro, dejas de fumar, el monóxido de carbono desaparecerá de tu organismo en cuestión de unas horas. El oxígeno ganará la partida y ¡tus órganos volverán a respirar!

NOTA

na de fumar» oficialmente homologada, y son irrisorios. Los adictivos y las toxinas que realmente absorbe el fumador dependen de su modo de fumar: de la manera en que sujeta el filtro y de la frecuencia con que chupa el cigarrillo. Si observamos a un grupo de fumadores veremos claramente que cada uno fuma de un modo muy personal y según sus necesidades. En las colillas que quedan en el cenicero podremos apreciar que cada persona aprieta el filtro de un modo distinto.

Comparación

No es extraño que los valores que proporciona la máquina no tengan nada que ver con la realidad: el aparato no fuma como una persona. Según las normas ISO el filtro aparece intocado, lo cual hace que realmente actúe como tal. Además, el humo deberá pasar por un papel húmedo que retenga las partículas de alquitranes cargadas de nicotina. Y esta máquina que, por supuesto, ha sido desarrollada por la industria tabaquera, aspira la ridícula cantidad de 35 ml por minuto.

En condiciones reales, un fumador normal aspira el doble: inhala unos 50 ml por chupada y comprime la mitad del filtro con sus dedos. Un fumador empedernido necesita aún más nicotina. Presiona el filtro y todos los orificios de ventilación laterales, y succiona por lo menos 65 ml cada vez. Por tanto, podemos olvidarnos de los datos que aparecen en las cajetillas. La industria tabaquera lo ha sabido siempre. Así lo expresó en 1978 un director de Philip-Morris: «He dejado claro que las mediciones del fumar realizadas en condiciones de laboratorio no tienen nada que ver con aquellas a las que se encuentra expuesto un fumador real».

El fumador suele ignorar los datos que se indican en la cajetilla de cigarrillos.

El organismo acaba cediendo

Es indiferente el médico al que vayas. Tanto si es un especialista del corazón, de los pulmones, del estómago o del intestino, seguro que en un momento u otro te planteará esta pregunta: ¿Usted fuma? Y no sólo lo pregunta porque se interesa por la salud de su paciente, sino porque la respuesta le servirá de orientación para buscar las causas de la dolencia que intenta curar. Y es que fumar es una de las principales causas de enfermedad.

Cada año son miles las personas que van a parar a unidades de cuidados intensivos a causa de graves enfermedades provocadas por el tabaco. Miles permanecerán allí durante semanas, con luz azulada y médico de urgencias. Si hubiesen dejado de fumar a tiempo, en esos momentos estarían paseando por el campo o disfrutando de la vida en cualquier otro lugar. Si es demasiado tarde, probablemente la cosa ya no tenga remedio. Si tienes suerte es posible que te ahorres los «bypass» y los malos augurios del médico. Pero generalmente, las lesiones causadas por el tabaco siempre acaban por manifestarse.

No sólo insuficiencia respiratoria y tos de fumador

La acción más directa del humo del tabaco, y la que tiene más consecuencias, es la que ejerce sobre las vías respiratorias. El organismo se defiende contra el permanente flujo de sustancias irritantes. Pero a la larga se ve incapaz de seguir afrontando los constantes ataques. Las sensibles paredes bronquiales se inflaman y se engrosan. Las células de la mucosa bronquial producen más moco para poder expulsar las sustancias extrañas. Por la noche, al estar acostado, ese moco se acumula en las vías respiratorias y al levantarse por la mañana hay que expulsarlo con un ataque de tos –la tos matinal de los fumadores–. Pero lentamente se van destruyendo los millones de cilios vibrátiles que normalmente se encargan de trasportar las partículas extrañas suavemente hacia fuera. El moco se acumula, la tos se agrava y aparecen las dificultades respiratorias características de los fumadores.

El asma aparece cuando en las vías respiratorias se produce una reacción de hipersensibilidad ante el humo del tabaco haciendo que se contraiga espasmódicamente la musculatura de los bronquios y los bronquiolos. En esas circunstancias se hace difícil espirar y por lo tanto tiene que intervenir toda la

La alteración patológica del pulmón a causa del tabaco se conoce como «obstrucción pulmonar crónica».

musculatura de la caja torácica. En los casos graves se lesionan también los alveolos pulmonares que son los encargados de hacer pasar el oxígeno del aire a los vasos sanguíneos. La permanente falta de oxígeno acaba por ser muy perjudicial para la salud. Y tampoco es raro que el fumador acabe por sufrir un enfisema pulmonar.

La piel lucha por conseguir más aire

La primera chupada al cigarrillo ya reduce la irrigación de la piel. Cuando se lo haya fumado hasta el final, la piel se pasará una hora pidiendo aire. Éste es el tiempo que tarda en restablecerse el flujo sanguíneo normal. Si la ración diaria es de 20 cigarrillos, la piel nunca podrá llegar a recuperarse. La piel, que es el órgano encargado de protegernos del medio externo, se quedará desprotegida. Consecuencia: las heridas tardarán más en curarse. Además, los fumadores son más propensos a sufrir infecciones cutáneas y acné.

Si quieres conservar una piel de aspecto juvenil no tienes más remedio que dejar de fumar.

Arrugas de fumador

Privada de sus más importantes principios vitales, la piel del fumador se vuelve pálida, enfermiza o incluso amarillenta. Dado que las toxinas destruyen el colágeno, que es la sustancia que da elasticidad a la piel y la mantiene tersa, ésta envejece con más rapidez.

El responsable de la destrucción del colágeno es el enzima matrix-metalproteinosa, llamado también «MMP1». Cuanto mayor sea su concentración, más se destruirá el colágeno –fenómeno natural que sucede con la edad–. Pero el humo del tabaco hace que la concentración de MMP1 aumente en todos los estratos de la piel incluso en las personas jóvenes.

¿UN RIESGO «LIGHT»?
EL CUENTO DE LOS CIGARRILLOS LIGHT

«Yo sólo fumo cigarrillos "light", porque al tener menos alquitrán hacen menos daño.» Muchos fumadores están convencidos de que así podrán evitar el riesgo de enfermar. Una falsa esperanza: en la saliva de los que fuman cigarrillos light se ha encontrado exactamente la misma cantidad de nicotina que en la de los que fuman cigarrillos normales. E incluso existe un tipo de cáncer que ataca más a los que fuman light.

Orificios de ventilación

Un cigarrillo light contiene las mismas cantidades de nicotina y alquitranes que un cigarrillo normal. Lo que sucede es que el filtro de los cigarrillos light tiene más orificios que el de los cigarrillos normales. En teoría, ello debería servir para que el humo inhalado contuviese menos nicotina y alquitranes. Según el toxicólogo Friedrich Wiebel: «Los filtros son perforados con láser y así dejan pasar más aire. Es algo así como un aspirador. Si hacemos agujeros en el tubo, llegará menos polvo a la bolsa».

¡Olvídate!

En la práctica, el principio de los orificios de ventilación sólo funcionaría si el fumador no tocase el filtro con sus dedos ni con los labios –lo cual no es el caso–. Al contrario. Dado que necesita su dosis habitual de nicotina, fuma los cigarrillos light con el triple de intensidad. Es decir, no solamente aumenta la frecuencia de las chupadas, sino que también inhala con más fuerza. Y los orificios del filtro también pierden su eficacia ya que el fumador los tapa con los dedos y los aprieta fuertemente. Y todo esto sucede de modo instintivo, sin que el fumador sea consciente de ello. Si se analizan los filtros de los cigarrillos light después de ser fumados se aprecia la fuerza con la que han sido apretados. Y esto es un indicador de la cantidad de nicotina que el fumador obtiene de su cigarrillo.

Cáncer «light»

Los cigarrillos light con mentol, u otros intensificadores de la adicción, son una verdadera trampa. Su humo dilata los bronquios y permite respirar con más profundidad. Esta inhalación tan profunda permite que las toxinas lleguen a las más pequeñas ramificaciones del pulmón y las dañen. Los estudios más recientes indican que existe una variedad de cáncer de pulmón muy agresivo que afecta principalmente a las mujeres jóvenes que fuman light, y que este riesgo es mucho más elevado en las personas que fuman cigarrillos light que en las que fuman cigarrillos normales.

Potencia sexual y fecundidad

Tanto si es hombre como si es mujer: el que fuma está perjudicando su potencia sexual y su fecundidad. Actualmente sabemos que el tabaco hace disminuir el número de espermatozoides. Y la producción de óvulos disminuye aproximadamente una sexta parte. Todo ello hace que aumenten las dificultades para formar una familia.

Ahora viene lo malo

Muchos fumadores están avanzando ya hacia el cáncer –pero aún no lo saben–. Cada año mueren unas 110.000 personas a consecuencia del tabaquismo, y uno de cada cuatro a causa del cáncer de pulmón. Pero no afecta sólo a las ví-

> La planificación familiar puede complicarse si uno o ambos miembros de la pareja son fumadores.

as respiratorias. El tabaco también provoca tumores en muchas otras partes del cuerpo. Son especialmente frecuentes las enfermedades de riñones y vejiga, tráquea y estómago, páncreas y matriz.

Fumar involuntariamente

El cigarrillo funciona como una chimenea. La punta arde lentamente y en ella se dan unas temperaturas de combustión relativamente bajas. Pero el humo que se produce es muy tóxico, y eso es precisamente lo que respira el fumador pasivo. El fumador chupa su cigarrillo haciendo que la punta se ponga incandescente y alcance los 950 °C. A esta temperatura, propia de un alto horno, se producen menos sustancias tóxicas. El humo «caliente» que inhala el fumador contiene menos toxinas que el humo «frío» que respira el fumador pasivo.

El fumador sólo absorbe una cuarta parte del humo. El resto contamina el ambiente y es aún más nocivo. La concentración en sustancias cancerígenas es hasta 30 veces superior.

Fumar pasivamente: ¿es muy peligroso?

Los síntomas agudos que aparecen al permanecer en un local lleno de humo son: escozor de ojos, «garganta irritada», dolor de cabeza y fatiga. Desaparecen en cuanto el aire vuelve a estar limpio. Pero la cosa ya cambia cuando la pareja o los compañeros de trabajo son fumadores empedernidos. Al convivir con ellos, los no fumadores respiran aproximadamente la misma cantidad de sustancias cancerígenas que si fumasen dos cigarrillos diarios. Por tanto, además del riesgo de infecciones, los fumadores pasivos pueden sufrir las mismas enfermedades que los fumadores activos: desde la bronquitis crónica hasta el cáncer de pulmón. En Alemania mueren anualmente 400 personas por cáncer de pulmón contraído gracias a ser fumadores pasivos. Pero no siempre ha de ser el cáncer. Las personas que sufren asma o angina de pecho pueden agravarse mucho si además son fumadores pasivos.

Tabaco y embarazo

Una de cada cuatro mujeres embarazadas no puede dejar de fumar y los riesgos para el feto son evidentes: si la madre fuma durante el embarazo no só-

El doctor Adrian Gillissen es médico especialista en medicina interna y director de la cínica Robert-Koch del hospital estatal «St. Georg», de la facultad de medicina de la Universidad de Leipzig. Es uno de los principales especialistas en pulmón de Alemania.

¡Sin fumadores yo casi no tendría trabajo!

¿Qué papel desempeñan los fumadores entre sus pacientes?

En nuestra clínica, a casi un 80 % de los pacientes les diagnosticamos bronquitis obstructiva crónica (BOC) o cáncer de pulmón y les aplicamos la terapia correspondiente. La mayoría de estos pacientes son fumadores activos o personas que han dejado de fumar hace poco. Muy pocos de ellos hace años que dejaron de fumar, o son no fumadores o fumadores pasivos.

¿Cuál es la probabilidad de sufrir lesiones o enfermedades pulmonares a causa del tabaquismo?

Un 80 % de los fumadores tienen bronquitis crónica. Muchos de ellos tienen las vías respiratorias muy cerradas, lo cual les dificulta mucho la respiración, especialmente la espiración. Casi todos los pacientes de cáncer de pulmón son fumadores o lo han sido. La probabilidad de desarrollar un cáncer de pulmón depende de la cantidad de cigarrillos que se fumen al día y al año, y se sitúa entre un 15 y un 25 %.

¿A partir de cuántos cigarrillos es peligroso fumar?

El incremento en el consumo del tabaco aumenta las probabilidades de enfermar de bronquitis crónica obstructiva o de cáncer de pulmón. El riesgo relativo de que las personas que fuman 30 cigarrillos diarios desarrollen un cáncer de pulmón es 13 veces superior al de los no fumadores. En los que fuman más de esta cantidad puede aumentar incluso hasta un 25 %. En principio podemos afirmar que cada cigarrillo es dañino. Cuanto más se fume, más aumentarán las probabilidades de sufrir una enfermedad pulmonar crónica.

¿Cuál es la patología más frecuente asociada al fumar?

Fumar durante décadas aumenta principalmente el riesgo de sufrir una bronquitis crónica obstructiva, un cáncer de pulmón, o un endurecimiento de las arterias que provoque un colapso, un infarto o una alteración del riego sanguíneo en las piernas que implique una amputación. Todos los órganos se ven afectados.

¿Qué es exactamente lo que sucede en el pulmón?

Las sustancias que contiene el humo del tabaco irritan la mucosa bronquial provocando una reacción inflamatoria que el fumador percibe en forma de un aumento en la producción de mucosidad en los bronquios, lo que conocemos como «tos del fumador». Si se sigue fumando, se mantiene esta irritación y la inflamación pasa de la superficie de los bronquios a tejidos más profundos. Esta inflamación permanente altera las células de los bronquios haciendo que las paredes de éstos se endurezcan cada vez más. La complicación más grave y frecuente de cuantas aparecen en los pacientes de bronquitis obstructiva crónica es un empeoramiento agudo acompañado de una insuficiencia respiratoria grave. Otra de las consecuencias del consumo prolongado de tabaco es la dilatación de los alveolos pulmonares, lo que los médicos conocemos como enfisema pulmonar. Y esta alteración no tiene vuelta atrás. Las continuas infecciones bronquiales producen unas lesiones celulares en los bronquios en las que se desarrollan sin dificultad todo tipo de bacterias y virus.

¿Hasta qué punto, y en cuánto tiempo, se recupera el organismo al dejar de fumar?

Siempre vale la pena dejar de fumar, incluso cuando ya se sufre una bronquitis obstructiva crónica. Se ha demostrado que la función pulmonar solamente mejora realmente si se deja de fumar, y lo hace mucho mejor que con todos esos caros medicamentos juntos. Veamos un par de detalles muy significativos: al cabo de solamente nueve meses de abstinencia de fumar, el riesgo de aborto o de que surjan complicaciones durante el embarazo es el mismo que en las no fumadoras. Al cabo de dieciocho meses, los pulmones ya se han limpiado completamente de toxinas y alquitranes. Al cabo de cinco años, el riesgo de infarto es el mismo que en los no fumadores, y el riesgo de desarrollar un cáncer de pulmón, de cavidad bucal, de tráquea o de esófago se reduce a la mitad.

lo perjudica genéticamente a su hijo; el riesgo de aborto, de parto prematuro o de que surjan otras complicaciones, es mucho más elevado que en las mujeres que no fuman. Los recién nacidos con madres fumadoras suelen pesar menos y son más pequeños. Dado que ya habrán desarrollado receptores para la nicotina, es fácil que más adelante de conviertan en adictos al tabaco. Los hijos de madres fumadoras tienen cuatro veces más probabilidades de sufrir el «síndrome del azague».

Para que los niños crezcan sanos han de vivir en un ambiente sin humo.

¡Niños, niños!

Los niños respiran con más intensidad que los adultos, por lo que con cada inspiración también absorberán más toxinas. Y dado que su sistema inmunitario todavía no se ha desarrollado por completo, no pueden «esconder» el humo del tabaco como los adultos. Las habitaciones con el ambiente cargado de humo de tabaco les son tan perjudiciales para la salud como las de edificios forrados de amianto. Las toxinas se fijan en la habitación y se liberan lentamente, de modo que el niño que permanece allí las va absorbiendo constantemente. Si se fuma en el coche, los niños inhalarán el humo de cada cigarrillo casi sin diluir. Los hijos de padres fumadores suelen tener los ojos llorosos e irritados. Son especialmente propensos a las bronquitis y a las otitis. Al hacer deporte suelen cansarse antes que los demás, y en clase tienen problemas de aprendizaje.

Cómo salir de la adicción

¿Pero qué tenemos que hacer para dejarlo una vez que hemos tomado la decisión de hacerlo? No tiene ningún sentido disminuir progresivamente la ración de cigarrillos. Al principio resulta fácil prescindir de un par de cigarrillos al día, pero es muy difícil pasar a solamente la mitad o menos. Llega un momento en que uno se queda colgado en un límite mágico. El fumador no tarda en prescindir de su planificación progresiva y vuelve a fumar como al principio.

Es más duro dejar de fumar poco a poco que parar en seco, porque no fumar nos produce una sensación más positiva que fumar poco. Así lo afirman los fumadores que han probado ambas vías. A los fumadores empedernidos no les es posible «fumar controladamente». Al dejarlo en seco, el fumador pasa repentinamente del hoy al mañana, y así es como debe ser. Pero solamente en combinación con un método adecuado que también prevea los posibles retrocesos y que no falle durante la «fase caliente». Se ha comprobado científicamente que la mejor combinación es ésta: terapia de comportamiento y abandono inmediato del tabaco. Pero si no va acompañado por un programa complementario, dejarlo en seco tampoco suele ser muy eficaz. Sin embargo, cuatro de cada cinco fumadores intentan hacerlo así.

Miedo a dejarlo

Los fumadores suelen sentir terror al pensar en cómo serán los primeros días sin tabaco. Serían capaces de tomarse cualquier cosa con tal de que les facilitase esos momentos. En las farmacias pueden adquirirse productos que prometen esa ayuda, pero la experiencia nos ha mostrado que lo que los futuros ex fumadores más temen no es el nerviosismo o la irritabilidad de la abstinencia física. Lo que les hace temblar son las situaciones que pueden crearse a consecuencia de la abstinencia psíquica. Y contra esto no hay medicamentos, solamente medidas preventivas como por ejemplo la ilusión de no volver a fumar. El empleo de fármacos solamente es recomendable cuando ya se ha conseguido vencer el miedo. Existen dos productos bastante eficaces: nicotina pura y una pastilla antitabaco.

Productos que ayudan

La nicotina pura, la que suele llamarse «nicotina de sustitución», podemos encontrarla en la farmacia en forma de parches, chicles, caramelos o pulverizador nasal. Esta nicotina penetra lentamente a través de la piel o de las mucosas; al contrario que la nicotina del cigarrillo, que es absorbida directamente por los pulmones. Ayuda a atenuar los síntomas de abstinencia física tales como nerviosismo, inquietud y alteraciones en el estado de ánimo. Al administrarla de este modo, al

! SUCEDÁNEOS DEL TABACO: HAY QUE EMPLEARLOS BIEN

Los expertos recomiendan que los que deseen dejar de fumar sigan estrictamente estas dos reglas respecto al empleo de nicotina pura:

> Regla 1: Parche para tratamiento a largo plazo. Chicle y pulverizador contra los ataques de adicción.
> Regla 2: Cuanto mayor sea la adicción, más elevada deberá ser la dosis.

El empleo de nicotina pura está prohibido para los fumadores que recientemente hayan sufrido un infarto de corazón, para los que tengan problemas cardiovasculares, para las embarazadas, para las parturientas y para los jóvenes de menos de 18 años.

fumador le falta el típico «empujón» en el cerebro. La nicotina pura no proporciona un efecto tan placentero, pero tampoco produce tanta adicción.

Nicotina para pegar

Los parches de nicotina pueden adquirirse sin receta médica y existen en diversas intensidades. Si se pegan por la mañana sobre la piel, le proporcionan al cuerpo un flujo constante de nicotina. Pero el primer día es necesario esperar algunas horas hasta notar su efecto. Cada mañana un nuevo par-

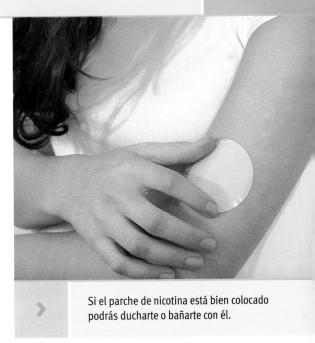

Si el parche de nicotina está bien colocado podrás ducharte o bañarte con él.

che, y el nivel de nicotina se mantendrá constante. ¡Pero éste será solamente la mitad que al fumar! Por tanto, habrá que tomar la dosis que se indica en las instrucciones del producto según el número de cigarrillos que se consumiesen habitualmente antes de dejarlo.

Nicotina para masticar

Los chicles de nicotina también pueden adquirirse sin receta. Hay que masticarlos lentamente, a pesar de que su sabor no es muy bueno, evitando tragar inmediatamente la saliva ya que la nicotina que contienen solamente alcanzará un nivel elevado en la sangre si pasa a través de las mucosas de la cavidad bucal. En el estómago no se absorbe. Los chicles de nicotina son adecuados para los fumadores ocasionales o para aquellos que fumaban poco pero con regularidad. Dado que no contienen azúcar, también son apropiados para los diabéticos.

Nicotina para chupar

Al igual que en los chicles, la nicotina de los caramelos o tabletas se absorbe también a través de las mucosas de la cavidad bucal. Pero con este método se alcanza un nivel en sangre más elevado. Se puede chupar una tableta cada 90 minutos, con una dosis máxima de 15 tabletas al día. Al cabo de 12 semanas hay que reducir la dosis. Las tabletas de nicotina sólo se pueden adquirir con receta y todavía no disponemos de datos fiables acerca de si pueden provocar adicción.

Nicotina para pulverizar

Comparada con la nicotina en chicles o en parches, la del spray nasal llega mucho antes a la sangre. Los pulverizadores nasales están pensados para fumadores muy adictos y para personas con una dependencia muy acusada que sufren frecuentes e intensos ataques de adicción. El pulverizador nasal se puede aplicar hasta 30 veces al día. Pero hay que ir con cuidado, porque en ciertas circunstancias puede provocar adicción. Por este motivo, a principios de 2003 fue retirado del mercado alemán. En los países en los que aún está disponible solamente se vende con receta médica.

Una ayuda a pesar de sus efectos secundarios

La nicotina de farmacia también puede provocar unos efectos secundarios bastante desagradables. A veces los chicles y tabletas de nicotina provocan un aumento de salivación, hipo, acidez o dolor de estómago. El spray nasal de nicotina puede irritar las mucosas nasales y las del cuello. Y los parches de nicotina a veces provocan una reacción en el lugar en que se pegan. Pero, a pesar de todo, la nicotina pura supone una buena ayuda para los que quieren dejar de fumar; además, tampoco se toma indefinidamente. Para aquellos que realmente se sienten muy dependientes del tabaco puede ser útil combinar los distintos productos. Sin embargo, en ese caso es necesario consultar antes al médico.

¿Llegará a haber una vacuna?

El futuro parece muy esperanzador: la ciencia creará una vacuna contra la nicotina que garantizará la inmunidad. Los fumadores se convertirán en ex fumadores de la noche a la mañana. Ya hace años que se trabaja en una solución de este tipo. Pero esto no es más que una suposición, y muchos dudan que realmente llegue a convertirse en realidad. En una vacunación preventiva normal lo que se hace es introducir en el organismo un germen patógeno atenuado. El sistema inmunitario crea anticuerpos contra él. Si después de la vacunación el germen patógeno entrase en el organismo, los anticuerpos ya estarían preparados para enfrentarse a él y eliminarlo. Pero la molécula de la nicotina es demasiado pequeña como para permitir que pueda funcionar este genial mecanismo. El sistema inmunitario no la reconoce. Y todavía no se ha encontrado ninguna solución para que sea posible este tipo de vacunación.

El truco de las proteínas

Unos científicos suizos han dado con un método para aumentar el tamaño de la molécula de nicotina. En el suero de la vacuna han unido la nicotina a una ca-

LA PASTILLA ANTITABACO

Actualmente ya se han calmado los ánimos respecto al medicamento *Zyban* que tanta tinta ha hecho correr en los últimos años. Algunos lo llamaban «píldora de la felicidad», mientras que otros lo consideraban un «engendro diabólico». Su principio activo se llama bupropión, y en EE.UU. se empleaba como antidepresivo.

Por casualidad se descubrió que los pacientes medicados con bupropión ya no disfrutaban de sus cigarrillos. Incluso cuando los pacientes dejaban de fumar no se quejaban de tener una dependencia muy acusada. Esto fue lo que indujo a los científicos a probar el principio activo en los tratamientos para dejar de fumar: en los ensayos comparativos se demostró que su efectividad era muy superior a la de la nicotina pura. Al cabo de un año, había más pacientes «limpios» gracias al *Zyban* que a los parches de nicotina y demás productos similares.

Todavía sigue siendo un enigma por qué un antidepresivo elimina la dependencia del tabaco y es más eficaz que la nicotina pura. Una posible solución: el bupropión hace que en el centro de activación fluya la noradrenalina y en el centro de recompensas la dopamina, aunque de un modo distinto a la nicotina.

El problema es que este medicamento produce unos efectos secundarios nada despreciables: uno de cada tres pacientes padecía graves alteraciones del sueño, muchos se quejaban de tener la boca seca, de dolores de cabeza y de vértigos, algunos sentían inquietud, tenían crisis de ansiedad o sufrían pesadillas.

Su administración también podía provocar depresiones o espasmos. El fumador solamente deberá decidirse a afrontar estos riesgos si antes lo consulta a su médico. Pero los pacientes que toman inhibidores del apetito o medicamentos con efectos psíquicos deberán abstenerse de tomar este fármaco.

NOTA

dena proteica. Una vez inyectada en el organismo, éste puede producir anticuerpos contra ella.

Más tarde, al fumar, esos anticuerpos se fijan a las moléculas de nicotina. Al unirse se hacen tan grandes que ya no pueden pasar la barrera de la sangre al cerebro. La nicotina entra en el cuerpo pero no puede llegar al cerebro. Así no pasa nada, y no se produce ninguna sensación placentera que pueda crear dependencia.

Fumar sin provecho

El efecto de la vacuna es fácil de describir: se puede fumar, pero los cigarrillos no producen ningún efecto. Los científicos suizos afirman que «si la nicotina ya no produce ningún placer es lógico dejar de fumar». Pero algunos expertos en desintoxicación opinan que esto no son más que ilusiones. «El fumador lo que hará es fumar más, ya que está acostumbrado a hacer algo para combatir el síndrome de abstinencia.» Los críticos parten de la base de que los fumadores empedernidos están tan embotados contra los efectos de la nicotina que para ellos el mero ritual de fumar ya constituye un alivio. A ellos una vacuna no les serviría de ayuda.

Cómo empezar a dejarlo adecuadamente

Para poder separarse del cigarrillo a largo plazo, es necesario cambiar algunas pautas de comportamiento. En este caso, un método muy recomendable por su eficacia es el de la terapia conductista, un método en varias fases que resulta ser el medio más eficaz para pasar definitivamente al mundo de los ex fumadores. Es una terapia que ha demostrado su eficacia en innumerables estudios realizados en condiciones controladas.

Consta de estas cuatro fases:
> autoexaminarse,
> deshabituarse,
> estabilizarse,
> prevenir la recaída.

La terapia conductista puede realizarse en grupos o a nivel individual. Requiere la dirección de un terapeuta especializado y exige que los fumadores colaboren mucho y le dediquen mucho tiempo. Por lo tanto, no todos los fumadores que deseen dejar de fumar pueden emplear este eficaz método de desintoxicación en el momento que mejor les parezca. Además, los terapeutas adecuados son bastante escasos y los médicos tampoco pueden ocuparse adecuadamente de los fumadores individuales. Es para estas situaciones para las que hemos concebido este libro.

La terapia de múltiples componentes

El siguiente tratamiento de múltiples componentes se basa en la terapia conductista. Los conocimientos acerca de la nicotina se emplean para atacar la adicción «de raíz». También

La tentación de fumar se agudiza en las fiestas y reuniones.

se emplea lo mejor de los campos de la psicología de las adicciones, del entreno mental y de la dietética. Además se pueden incluir en el método otras técnicas tales como la acupuntura para dejar de fumar. Todo lo que sirva de ayuda, vale. Y éstos son los pasos a dar: lo importante es preparar bien el camino para dejar de fumar. Y lo primero que vas a tener que hacer es reconocer y comprender tu adicción a la nicotina así como tus pautas de comportamiento al fumar.

> ¿Dónde enciendes el cigarrillo? ¿En cualquier lugar? ¿A lo mejor solamente fumas en casa, o en el trabajo, o cuando estás con tus amigos, o en el bar, o en las fiestas?

> Determina en qué situaciones te apetece encender un cigarrillo, cuáles son los momentos en que más te tienta hacerlo: ¿después de comer, al tomar un café con leche o una cerveza, en los momentos de estrés?

> Pregúntate por qué a lo largo de tu vida cotidiana hay determinadas situaciones que automáticamente las asocias al fumar. ¿Quizá porque sólo así disfrutas de verdad de una velada agradable, porque sientes la necesidad de encender un cigarrillo para poder leer tranquilamente el periódico, o porque así te liberas de la tensión que te supone preparar una entrevista importante?

Cuanto más a fondo analices tu comportamiento de fumador, más te sorprenderás de ver la cantidad de veces que has estado fumando de modo inconsciente, de una manera casi automática.

Así verás mucho más claro aquello que hasta ahora quizá ya habías imaginado y que tu subconsciente probablemente ya te había ido indicando en una u otra ocasión. Al observar y analizar tu comportamiento de fumador estarás dando el primer paso en la dirección correcta: has logrado ser consciente de tu modo de comportarte y has sacado a la luz unas interrelaciones muy profundas.

Importante: nuevas conexiones

La persona que ha disfrutado y paladeado miles de veces la primera chupada del cigarrillo sabe que el fumar se ha convertido en una parte fija de su vida y que está relacionado con determinados lugares y situaciones. Por ejemplo, con la copa de vino, la parada del autobús o el hablar por teléfono. Es algo que está fuertemente anclado en su cerebro; y en la mayoría de los fumadores se fija con más fuerza a medida que pasan los años. Estas conexiones son las que intenta deshacer la terapia de múltiples componentes, y para ello recurrirá a todos los medios imaginables. Al mismo tiempo hay que crear unas conexiones nuevas que conviertan a las antiguas en superfluas. Pero para ello es necesario empezar por identificar estas conexiones. Por esto, el primer paso correcto e importante que hay que dar consiste en reconocer nuestros propios motivos y pautas de comportamiento.

Cuanto mejor planifiques el abandono del hábito de fumar, mayores serán las posibilidades de que lo consigas.

Preparar la base para dejar de fumar

¿Por qué fumo? ¿Cuáles son los momentos, lugares y circunstancias que relaciono con el tabaco y que tengo grabados en la memoria como oportunidades para fumar? ¿Qué es exactamente lo que la nicotina hace en mi cerebro y en mi organismo? ¿Y qué pasaría si este veneno neurotóxico desapareciese de repente? Si antes de dejar de fumar ya conoces las respuestas a estas preguntas, tendrás dos ventajas: podrás prevenir lo que te sucederá el primer día que no fumes; cuándo, dónde y cómo tendrás síntomas de abstinencia, y cuánto te durarán. Y podrás ajustar sus planes individuales para prevenir cada caso o actuar contra él.

Encontrar las medidas a tomar

Cuando sepas claramente en qué circunstancias, a qué horas, en qué lugares y a través de que estímulos se te puede manifestar el síndrome de abstinencia, podrás pensar medidas para contrarrestarlo y planificarlas detalladamente, comprobarlas y, si es necesario, descartarlas y cambiarlas por otras. Pero también tendrás que encontrar un sucedáneo que te proporcione todo lo que hasta ahora te había dado el tabaco. Y esto va desde la relajación hasta el placer, pasando por la excitación o la concentración. Tendrás que tener previsto un comportamiento alternativo para aquellas situaciones clave que hasta ahora inducían el «reflejo de fumar».

Ensayar las técnicas

Cuando ya hayas preparado un plan para afrontar tu adicción y sepas cuáles son las técnicas que vas a emplear, puedes hacer una prueba. Por ejemplo, antes de dejar de fumar totalmente puedes comprobar qué es lo que pasa si prescindes del «cigarrillo más difícil del día». Así podrás evaluar tu plan en condiciones reales y comprobarás si habías encontrado un sucedáneo adecuado. Al cabo de poco tiempo incluso te resultará divertido meditar el modo de hacer frente al síndrome de abstinencia, pensar en todo aquello que se puede hacer en vez de

PASO A PASO HACIA LA META

Éstos son los tres puntos fundamentales para vivir «sin humos».

- Poder comprender: aprende a analizar, aclarar y ordenar todas aquellas situaciones en las que hasta ahora fumabas.
- Poder manejar: deberás tener prevista una solución para todo aquello que has visto que te puede inducir a fumar.
- Actuar con motivación: cuando hayas comprendido tu adicción y veas cuál es el camino para salir de ella notarás que te hace ilusión conseguir dejar de fumar. ¡Para poder hacer algo hay que empezar por tener confianza en uno mismo!

¡IMPORTANTE!

encender un cigarrillo. Te sentirás feliz de conocer tan bien a la nicotina y sabrás que los efectos del síndrome de abstinencia, por muchas veces que se presenten durante el primer día, nunca duran más de diez minutos. En este libro aprenderás las técnicas más útiles y prácticas de la mano de expertos ex fumadores.

Reforzar la motivación

Aquello que antes funcionaba de un modo automático, como encender un cigarrillo, de repente se ha vuelto comprensible y por tanto controlable. Se vuelven a controlar los propios actos, de un modo lento pero claramente perceptible. La motivación va en aumento y se refuerza con cada propósito logrado. También deberán colaborar la familia, los amigos y los colegas. Deberán animar al que está dejando de fumar, felicitarle, apoyarle y echarle una mano. Hay que mostrarle al fumador lo que realmente está a punto de conseguir para sí mismo, para su compañera/o y para su familia: una vida feliz y con autodeterminación.

¿Qué hacer durante la «fase caliente»?

Y entonces llega la hora de la verdad: el día de dejar de fumar en seco y la primera semana de abstinencia. Éste es el momento en que verás si las técnicas ensayadas realmente sirven de algo. Es probable que nunca te hayan entrado ganas

El apoyo familiar es muy importante para el que quiere dejar de fumar.

de fumar mientras estás en el cine viendo una película de tus actores favoritos y con un refresco y un paquete de palomitas en las manos. Aprovéchate de esto en tu primer día de abstinencia. Y tampoco es conveniente que el segundo, tercer o cuarto día de abstinencia lo dediques a estresarte preparando la declaración de la renta. Si notases el síndrome de abstinencia, recurre a la sugerencia que indicamos en la página 87. Es muy importante que cuentes con las recompensas adecuadas.

Estar preparado para una posible recaída

No son buenos los métodos en los que no se contempla la posibilidad de que se puede producir una recaída; pero ten en cuenta que decimos «puede» y no «tiene que». Todos los estudios psicológicos sobre el abandono de pautas de comportamiento indican que las recaídas, si se las trata de modo inteligente, pueden ser el momento decisivo para romper definitivamente con el comportamiento negativo y no volver a pensar nunca más en él. Por lo tanto, hay que ver a la recaída como una oportunidad. Por este motivo, en la terapia de múltiples componentes se explica la «debilidad» como una nueva motivación y se ensaya como tal. La experiencia nos ha demostrado que muchas personas que han logrado dejar de fumar para siempre, sólo lo consiguieron al segundo o al tercer intento. La recaída le muestra al fumador que todavía no tiene su defensa completamente a punto y que es necesario que refuerce su «coraza». Por tanto, lo correcto es ver la recaída como una experiencia positiva en vez de desmoralizarse por ella y dejar que la motivación personal se sitúe bajo mínimos. Pero, naturalmente, también es posible tener éxito a la primera...

NOTA

CONOCIMIENTOS
PUESTOS AL DÍA

Le costará menos dejar de fumar al que
> Analice su dependencia de la nicotina.
> Mantenga una posición positiva y de autoestima.
> Reconozca el sentido de dejar de fumar.
> Se dé cuenta de que le es posible dejar de fumar.
> Sepa por qué fuma.
> Identifique las situaciones que le inducen a fumar.
> Practique el autoconvencimiento.
> Encuentre sus propias técnicas para combatir la adicción.
> Sepa lo que le espera el día en que lo deje.
> Encuentre apoyo en su entorno.
> Se cuide durante la fase más aguda de la desintoxicación.
> Tenga en cuenta las posibles recaídas y sepa cómo afrontarlas.
> Deje de fumar en seco.
> Sueñe con un futuro feliz y libre de tabaco.

¡HACE FALTA MOTIVACIÓN!

Peter Lindinger es psicólogo y experto en adicciones en el centro alemán de investigación del cáncer (Deutschen Krebsforschungszentrum) de Heidelberg. Es el fundador del «Teléfono del fumador» en Alemania y autor de innumerables libros sobre el tema de la adicción a la nicotina.

¿Por qué es tan difícil dejar de fumar?

La nicotina es una sustancia que crea una adicción muy intensa. Y a esto hay que añadirle la dependencia psíquica. Fumar es un hábito muy fuerte. Chupar millones de veces el cigarrillo en infinitas ocasiones ejerce una función gratificante universal. Además, la mayoría de los fumadores no creen que sea posible dejarlo. El que lo intenta una vez sin conseguirlo, luego ya no confiará en sí mismo.

¿No es paradójico seguir fumando a pesar de saber que es extremadamente perjudicial para la salud?

El saber no protege de la dependencia: «Ya sé que esto me hace daño, pero debo aceptarlo ya que si no tomo esta sustancia me siento muy mal». Mi consejo para las fumadoras y los fumadores que todavía no se hayan decidido a dejarlo: piense por un momento qué es lo que le gusta del fumar y qué es lo que no le gusta, y haga un balance. Esto quizá no haga cambiar de hábitos a todo el mundo, pero probablemente le proporcionará una nueva visión de su relación personal con el tabaco.

¿Para dejar de fumar, basta la voluntad?

No, el deseo y la voluntad no son suficientes. Hace falta motivación y una buena dosis de preparación. También puede ser útil informarse acerca de la adicción al tabaco, buscar alternativas al fumar, prepararse para pasarlo un poco mal durante los primeros tiempos y prever una recompensa para lo conseguido.

¿Existen realmente métodos milagrosos para dejar de fumar en poco tiempo?

Actualmente existe una inmensa variedad de tratamientos para la desintoxicación del tabaquismo. Continuamente se nos ofrecen métodos que aseguran un porcentaje de éxitos del 80 al 90 %. Entre ellos hay algunos bastante curiosos, como los que solamente emplean técnicas de sugestión o los que se basan en el empleo de determinadas mezclas de hierbas. Pero no indican exactamente cómo funcionan; les falta transparencia. Tenga un poco de sentido común: todo esto son promesas fantasiosas (por no decir falsas) y los tratamientos propuestos carecen de cualquier vestigio de seriedad.

¿Cuáles son la principales trampas a las que hay que enfrentarse al intentar dejar de fumar?

Por una parte tenemos lo muy arraigado que está el hábito de fumar. Luego vienen la dependencia psíquica y la física. También cuenta la funcionalidad del fumar, principalmente su función gratificante y la posibilidad que nos ofrece para regular las emociones.

¿Siempre se engorda al dejar de fumar?

Cuando falte el aporte de nicotina hay que contar con que se producirá un ligero incremento de peso. Uno de los efectos de la nicotina es que nos hace aumentar el consumo energético en un 5-10 %, lo cual se traduce en unas 200 kcal al día. Esto es lo que hace que la mayoría de ex fumadores ganen algo de peso en los primeros meses. Pero un aumento de 3 kg es un riesgo despreciable si lo comparamos con el que supondría seguir fumando. Además, este leve efecto secundario apenas es perceptible a simple vista y no supone ninguna carga emocional.

¿Qué puedo hacer para evitar este aumento de peso?

Cuide un poco más su alimentación y no coma cosas grasas entre horas. En vez de eso, consuma fruta o verduras frescas tales como zanahorias, pimientos y pepinos, o chicles y dulces sin azúcar. Suba por las escaleras en vez de con el ascensor. El ejercicio físico es relajante y ayuda a elevar los ánimos.

¿Qué esperanza puede dar a los fumadores para animarles a acceder a un futuro sin humos?

Las personas se vuelven más bellas cuando dejan de fumar, eso es algo que siempre he podido observar en mi trabajo.

Cómo dejar
la adicción para siempre

¡Aquí estamos! Ya te has decidido a liberarte

de las garras de la nicotina para siempre.

Con las herramientas necesarias, concretamente

el conocimiento de tus pautas de comportamiento

adictivo, con ejercicios mentales y técnicas

de relajación y con los trucos adecuados en los

momentos en que acucie la necesidad te será

fácil desprenderte de tu adicción para siempre.

¡Y a la vez que te liberas de la adicción ganarás

fuerza mental y aumentará tu autoestima!

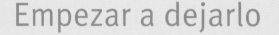

Empezar a dejarlo

Cada vez que nos despedimos de unos hábitos y unas pautas de comportamiento que nos han acompañado durante años, por difícil que parezca, significa también el inicio de una nueva etapa de nuestra vida. Con frecuencia incluso nos abre la posibilidad de realizar muchos más cambios de los que habíamos imaginado.

El sólo hecho de que estés leyendo este libro ya significa que has dado el primer paso hacia un nuevo inicio. Si ahora deseas dar el gran salto e iniciar una nueva vida sin la compañía del cigarrillo, tendrás que abandonar algunos viejos hábitos a los que ya habías cogido cariño y empezar a explorar un nuevo territorio. Para que puedas conseguirlo hemos agrupado en este libro todo lo que necesitas saber acerca de psicología, tratamiento de las adicciones y entrenamiento mental. Emplearás los métodos más eficaces que existen para dejar de fumar. En los capítulos siguientes también te explicaremos cómo conservar la línea a pesar de haber dejado la nicotina y te hablaremos de ejercicio físico, relajación y todo lo que haga falta para ayudarte a dejar de fumar y servirte de apoyo durante los malos momentos. El conjunto de los capítulos es como una especie de barandilla a la que podrás agarrarte siempre que lo desees durante tu camino para alejarte de la adicción al tabaco.

¿Cuál es tu grado de adicción?

Imagínate lo siguiente: Es de madrugada. Fuera hace un frío terrible y de repente te apetece comer chocolate. Sin embargo, el que tenías en casa ya se te ha acabado. Si la temperatura exterior fuese de diez grados bajo cero, ¿te pondrías el abrigo, rascarías el hielo del coche y te acercarías a la gasolinera? ¡La sola idea ya nos parece absurda! Pero no si se trata de tabaco. Para los fumadores ningún esfuerzo es lo suficientemente grande como para privarles de su droga. Y siempre saben dónde pueden conseguir cigarrillos a cualquier hora del día o de la noche.

Es la adicción lo que fuerza al fumador a salir de casa e ir en busca de tabaco. La industria tabaquera hace mucho tiempo que lo sabe. Con el eslogan de «Recorreré millas con tal de conseguir un Camel» han conseguido disfrazar de safari y aventura a algo que no es más que ir en busca de una droga. ¡No dejes que te engañen! Sé sincero contigo mismo y emplea el test de la página siguiente para averiguar cuál es tu grado de adicción. Cuanto más te sinceres con la realidad de ti mismo, mejor po-

drás evaluarte y más fácil te será hallar el camino para salir de la adicción.

¿Qué tipo de fumador eres?

La intensidad de la dependencia no nos dice nada acerca de los motivos por los que uno fuma. Para conocer a fondo la propia adicción es imprescindible saber en qué situaciones se fuma y por qué se hace. Solamente así será posible analizar los peligros potenciales que puedan presentarse al dejar de fumar. Es importante que antes analicemos el tipo de fumador que somos.

Los motivos para fumar pueden ser tan variados como los efectos de la nicotina, que unas veces actúa como relajante y otras como estimulante. Pero el fumador no desea que todos los efectos se produzcan a la vez, sino que busca siempre el efecto que desea. Por lo tanto, a lo largo de su vida de fumador desarrolla una relación muy personal con el tabaco. Seguramente, analizar tu comportamiento como fumador te va a resultar sorprendente. Supón que eres un fumador «absolutamente puro», o que encajas en cualquiera de las siguientes descripciones.

Fumador por placer

Suele tratarse de un fumador «tardío» y con una actitud positiva hacia el

¿HASTA QUÉ PUNTO NECESITAS LA NICOTINA?

Este test te demostrará hasta qué punto eres dependiente de la nicotina. Y lo que vas a tener que trabajar para prepararte para el día en que dejes de fumar. Cuanto más preguntas contestes con un sí, mayor será tu grado de adicción.

❭ ¿Fumas el primer cigarrillo del día en los primeros 30 minutos después de levantarte?
Motivo: Durante la noche desciende notablemente el nivel de nicotina en el cerebro. Por lo tanto, por la mañana la necesidad de encender un cigarrillo es especialmente fuerte.

❭ ¿Fumas diez o más cigarrillos al día?
Motivo: Si existe una dependencia aumenta también el número de cigarrillos que se fuman al cabo del día. Sin embargo, también es posible ser adicto con sólo cinco cigarrillos diarios.

❭ ¿Existen algunas situaciones especiales en que sientes la necesidad de fumar?
Motivo: La adicción al tabaco está ligada a unos estímulos clave muy concretos. El síndrome de abstinencia se manifiesta, por ejemplo, cuando te has de concentrar en un trabajo, cuando hablas por teléfono o cuando no dispones de cigarrillos a la hora de relajarte.

❭ ¿Te es difícil pasar varias horas sin fumar?
Motivo: Los no fumadores disfrutan del concierto, y los fumadores del intermedio. Al fumador empedernido le puede ser muy difícil soportar una entrevista, una conferencia o un viaje en avión de varias horas de duración. ¿Te pasas las reuniones de trabajo pensando en cuánto falta para poder volver a fumar?

❭ ¿Sigues fumando cuando estás resfriado o te encuentras mal?
Motivo: Un fumador adicto sigue fumando aunque le duela el cuello o tenga tos.

❭ ¿Pierdes el tiempo y las energías con tal de conseguir cigarrillos?
Motivo: Al fumador le pone muy nervioso llevar una cajetilla vacía. Siempre está dispuesto a invertir el tiempo que haga falta con tal de conseguir tabaco.

❭ ¿Existe algún cigarrillo del que te costaría mucho prescindir?
Motivo: A muchos fumadores les es muy desagradable pensar en no poder fumar en determinadas ocasiones, como por ejemplo en una fiesta o después de comer.

Apúntate los resultados del test y repítelo cuando ya hayas dejado de fumar. Cada vez serán menos las preguntas a las que contestes con un «sí».

(Test modificado según Fagerström)

tabaco. Considera que los momentos buenos del día son aún mejores si los acompaña con un cigarrillo. Este fumador no necesita los cigarrillos, los disfruta. Le encanta el ritual del fumar, desde el chisporroteo que se produce al encender el cigarrillo hasta expulsar lentamente una nube de humo. Un café, una charla amena o una pausa en el trabajo sin cigarrillo, ni le gustan ni le relajan. Este fumador consume los cigarrillos conscientemente y, al igual que los demás fumadores, acepta también sus riesgos para la salud.

Los que fuman por placer necesitan el tabaco para elevar su nivel de vida. Sin cigarrillos les faltaría algo. Por tanto, para dejar de fumar necesitan algo que les satisfaga igualmente. Para convertirse en ex fumador necesita una recompensa.

La mayoría de los fumadores relacionan automáticamente cualquier momento placentero con el cigarrillo.

Fumador por estrés

El nombre ya lo dice todo: los que fuman por estrés lo hacen para lograr superar situaciones que les resultan opresivas. Siempre tienen una cajetilla a mano y fuman para atenuar su nerviosismo a la vez que aumentan su concentración. Tanto si se trata de una entrevista importante, del miedo a los exámenes o de una discusión con la pareja, el cigarrillo les proporciona la sensación de ser capaces de superar la tensión, el miedo o la inquietud que les crean esas situaciones. Fumar también les sirve para darles ánimos si realizan un trabajo aburrido o durante un largo viaje en coche. El fumador por estrés necesita el tabaco para equilibrar su estado de ánimo. Tiene una gran dependencia, no sólo psíquica sino también física.

Para poder dejar de fumar no sólo necesitan técnicas de relajación, sino también medios para minimizar su estrés.

Fumador adicto

Los fumadores adictos ya hace tiempo que perdieron la ilusión por el cigarrillo. Saben que fumar es una estupidez, pero les es imposible dejarlo. El primer cigarri-

Los fumadores adictos fuman tanto si tienen estrés como si no.

lo de la mañana lo fuman ya antes de ir al baño, y por la noche se fuman el último en la cama. Fuman prácticamente en cualquier momento del día, excepto en situaciones o circunstancias muy concretas. No lo dejan ni siquiera cuando tienen un fuerte resfriado. Saben que tienen dependencia del tabaco y aceptan su desgracia. Si quieren dejarlo, han de tener en cuenta que el síndrome de abstinencia físico se va a manifestar con fuerza, por lo que deben prepararse especialmente bien para ese día. Pero con ellos funciona muy bien la mejor de las recompensas. Dado que en el pasado han fumado muchísimo, son los que mejor perciben la recuperación de su organismo. Y eso desde el primer día.

Fumador ocasional

Al fumador ocasional le encanta disfrutar del sabor del tabaco. Hay días en que no fuma ni un solo cigarrillo, y eso no le afecta lo más mínimo. Fuma ocasionalmente cuando está con la gente, para tener las manos ocupadas o simplemente porque le apetece. Dado que los fumadores ocasionales no perciben ningún tipo de adicción, fuman sólo cuando realmente desean hacerlo y no consideran que esto pueda afectar a su salud, también les falta una verdadera motivación para dejar de fumar. Sin embargo, el paso de ocasional a habitual es más rápido de lo que creen.

Los fumadores ocasionales infravaloran a la nicotina. Mientras noten poca dependencia les será muy sencillo dejar de fumar.

Fumador para conservar la línea

Hay fumadores para los que lo más importante es ser delgados y conservarse así. Emplean el tabaco para mantener su peso a raya. El cigarrillo les sirve como sucedáneo de las comidas. El miedo a engordar o a tener hambre les hace llevar a jugarse la salud en ello. Las terribles historias de exfumadores que engordaron muchísimo hacen que ni siquiera se planteen el dejar de fumar. Pero hoy sabemos perfectamente cuál es la relación entre el tabaco y el peso, y cómo se puede evitar engordar con una dieta adecuada y haciendo un poco de ejercicio.

Observarse a uno mismo

Para los fumadores, coger un cigarrillo es algo que ya ha pasado a formar parte de su existencia y ni se dan cuenta de que lo hacen. Para ser conscientes de cuáles son sus hábitos puede serles muy útil fumar «a cámara lenta». Toma lentamente un cigarrillo de la cajetilla, realiza todos los movimientos fijándote bien en lo que haces, inhala lentamente.

¡Ahora es el momento de que tú mismo analices cuáles son tus automatismos! Fíjate bien en dónde y cuándo enciendes el cigarrillo:

> ¿Cuáles son las situaciones y circunstancias que relacionas con el fumar?

¿Fumas cuando hablas por teléfono, cuando tienes que concentrarte en algo, después de comer, al iniciar algún acto importante, como por ejemplo una entrevista, en situaciones de estrés, cuando has de solucionar algún asunto importante, cuando esperas el autobús o vas a ir en avión, siempre que tomas un café o en los descansos del trabajo?

> ¿Qué lugares relacionas automáticamente con el hecho de fumar?

¿POR QUÉ FUMO?

¿Por qué motivos vas a echar de menos el tabaco el día en que dejes de fumar? Busca cuáles son los principales motivos que te inducen a fumar, pues sólo así podrás preparar algo que sea eficaz para contrarrestarlos. Gracias al tabaco...

> Aumenta mi rendimiento y mi capacidad de concentración.

> Soy capaz de superar mejor las situaciones límite y los momentos desagradables.

> Me siento más seguro en situaciones que no me resultan familiares.

> Puedo aguantar mejor el estrés.

> Me es más fácil relacionarme con la gente.

> Tengo una buena excusa para hacer una o varias pausas durante el trabajo.

> Se me calman los nervios, me relajo, disfruto del tiempo libre.

> Disfruto realmente de los buenos momentos, como una buena comida o un vino añejo.

> Tolero el aburrimiento o me desconecto.

> Me siento satisfecho.

> Evito tener hambre y así no engordo.

¡IMPORTANTE!

> ¿Fumas en unas horas concretas del día?

> ¿Te vienen ganas de fumar solamente cuando estás con determinadas personas?

> ¿Cuáles son tus momentos de debilidad? ¿Quizá cuando te sientes irritado o deprimido?

> ¿Qué estímulos sensoriales o qué objetos te inducen a fumar?

Tener conocimiento de todo esto te ofrecerá la posibilidad de prever la necesidad de fumar y de no dejarte llevar por el tabaco. Si analizas tus hábitos podrás contrarrestarlos a tiempo.

Además: «Si fumas a cámara lenta es posible que, de repente, te des cuenta de que el cigarrillo que acabas de encender es totalmente innecesario». Así lo afirman algunos fumadores que encontraron muy útil este proceder tan poco visible para los demás. Muchas veces acababan apagando el cigarrillo a la vez que notaban una gran sensación de felicidad.

Lista, diario y pegatinas

Hay personas que pueden decir exactamente cuándo y dónde fuman. Para ellas resultan superfluas las siguientes recomendaciones para examinar detenidamente su comportamiento de fumador. Sin embargo, los que duden acerca de su relación con el tabaco pueden hacer muchas cosas para clarificar su situación.

> Una sencilla lista de tachaduras puede ser de una eficacia sorprendente: cada vez que enciendas un cigarrillo, traza una raya bien visible en la cajetilla. Así se rompe el acceso inconsciente a los cigarrillos. Vivirás «conscientemente» el acto y sabrás cuándo y por qué fumas.

El objetivo inicial de este método era conseguir que los fumadores se diesen cuenta de sus hábitos. Pero los investigadores se sorprendieron al compro-

ANOTACIONES DIRECTAS

Cada cual tiene sus propios motivos para dejar de fumar. En la página 71 encontrarás varias notas. Sirven para refrescarte la memoria y para estimular tu motivación el primer día que dejes de fumar y durante el tiempo siguiente:

> En la nota «Por qué fumo» tienes que anotar tres motivos, o incluso hasta cinco.

> En la nota «Por qué dejo de fumar» has de escribir hasta cinco de los principales motivos por los que has decidido dejar de fumar.

> En la nota «Cuándo y dónde fumo» escribirás tres, o hasta cinco, de las situaciones que consideras que más te inducen a fumar.

bar que también era de gran utilidad para dejar de fumar. Una vez conscientes de su acción, los fumadores fumaban menos e intentaban luchar contra la fuerza de la costumbre. Por lo tanto, hacer tachaduras no es ningún juego sino un sencillo método para llegar con ventaja al día en que iniciarás la abstinencia total.

> El diario del fumador es como la lista de tachaduras, sólo que con informaciones más detalladas. Puedes llevarlo como una agenda normal. Anota en él cuándo, dónde y por qué has fumado, con quién estabas; sencillamente, todo aquello que te parece que estaba relacionado con ese cigarrillo. Lo ideal sería que también anotases la importancia que le has dado a cada cigarrillo o si en el fondo habrías podido prescindir de ellos.

> Otra posibilidad consiste en emplear notas adhesivas (hojitas «Post-it») y pegarlas en aquellos objetos que suelen estar relacionados con las situaciones en las que acostumbras a fumar, como por ejemplo el televisor, la botella de vino, la taza del café o el periódico… ¿Cuántas pegatinas ves a tu alrede-

> Anotar los detalles de tu comportamiento como fumador te será de gran utilidad para dejarlo.

dor? ¿Qué cosas son las que te inducen a fumar? Verás con tus propios ojos la cantidad de estímulos clave que te hacen fumar. A lo mejor son sorprendentemente pocos, o quizá sean más de los que imaginabas. Pero en ambos casos estarás de enhorabuena, porque una vez identificado el peligro éste ya no puede atacarnos tan fácilmente a traición.

SIETE BUENOS MOTIVOS PARA DEJARLO

Cuando realmente se trata de dejar de fumar para siempre y de una vez por todas, lo más importante es la motivación. Antes de iniciar tu programa para dejar de fumar es muy importante que seas perfectamente consciente de cuáles son los motivos que te han llevado a tomar esa decisión. También es importante que esos motivos sigas recordándolos en el futuro, ya que te ayudarán a alejarte del tabaco para siempre.

> Deseo ser finalmente libre y...
  ...no sentir ninguna obligación de ir en busca de cigarrillos, aunque sea de madrugada.
  ...no volver a sentirme ansioso esperando el descanso para poder fumar.
  ...no tener que salir nunca más al balcón para encender un cigarrillo.
  ...experimentar una nueva sensación vital.

> Deseo conservar la salud y...
  ...dejar de temer la bronquitis crónica, los problemas de estómago y las alteraciones del aparato cardiovascular.
  ...protegerme eficazmente contra el cáncer, el infarto y los ataques de apoplejía.

> Deseo recuperar la salud, sentirme en forma y...
  ...volver a respirar libremente.
  ...librarme de la tos del fumador.
  ...volver a subir tranquilamente por las escaleras.
  ... volver a practicar deportes como mis amigos y conocidos.

> Estoy embarazada y...
  ...me gustaría que mi niño se desarrolle sano dentro de mí.
  ...me gustaría que mi niño empiece su vida en las mejores condiciones posibles.

> Quisiera conservar mi atractivo y...
  ...me gustaría tener un aliento fresco.
  ...quiero volver a oler bien.
  ...no quiero que mi piel envejezca prematuramente, ni que se vuelva gris y flácida.

> Quiero dejarlo por cariño hacia mi pareja o mi familia y...
  ...porque no quiero molestarles con el constante humo de mis cigarrillos.
  ...para que nuestro hogar no huela mal ni se vuelva amarillento.

> No quiero tener remordimientos y...
  ...no quiero que ni yo ni mi familia tengamos que preocuparnos por mi salud.

NOTA: POR QUÉ FUMO

Anota aquí de tres a cinco motivos importantes por los que fumas:

> ....
> ....
> ....
> ....
> ....

NOTA: POR QUÉ DEJO DE FUMAR

Anota aquí de tres a cinco motivos importantes por los quieres dejar de fumar:

> ....
> ....
> ....
> ....
> ....

NOTA: CUÁNDO Y DÓNDE FUMO

Anota aquí de tres a cinco situaciones más importantes que te inducen a fumar:

> ....
> ....
> ....
> ....
> ....

¡IMPORTANTE!

Todavía faltan diez días para empezar

La primera cita, el día de la boda, el examen de selectividad, el ascenso profesional, el nacimiento de un hijo... días importantes de nuestra vida y que siempre nos gusta volver a recordar. Pero para que esos acontecimientos se desarrollasen felizmente tuvimos que planificarlos hasta en el más mínimo detalle.

El día en que dejes de fumar también será uno de los más importantes de tu vida. A partir de ese día empezarás a gozar de una nueva calidad de vida, disfrutarás de una nueva alegría vital que aumentará a cada momento, y lo percibirás

claramente. Si el día en que proyectas dejar de fumar deseas prepararlo del mismo modo que los demás acontecimientos clave de tu vida, deberás prepararlo a fondo y no dejar nada al azar.

La preparación lo es todo

Esta fase anterior al primer día de abstinencia es muy importante. Son diez días en los que tendrás la oportunidad de planificar tu abstinencia, de modo que luego te resulte lo más sencilla posible y que tus esfuerzos se vean coronados por el éxito. Existen muy buenas posibilidades para ello, y a partir de ahora vamos a conocerlas. ¡Disfruta de esta fase de preparación! La necesitas para poder comprender mejor tu relación con el fumar y conocer todo lo que te va a hacer falta para poder dejarlo. Así conseguirás olvidarte de los cigarrillos para siempre. Durante esta fase de preparación puedes seguir fumando. Pero pronto tendrás que desprenderte de tu «cigarrillo favorito del día» para que puedas empezar a adquirir experiencia.

Parar: de un día a otro

Casi todas las personas que han conseguido dejar de fumar para siempre lo hicieron de un día para otro. Es mucho más duro dejar de fumar progresivamente que hacerlo de golpe. En un momento u otro, los que intentan hacerlo de forma progresiva llegan a un punto en el que les parece que ya no es humanamente posible fumar menos. El método del «punto final», en el que uno no escapa lentamente de la adicción, no sólo produce una sensación mejor, sino que además suele ser mucho más eficaz. Por este motivo es importante que tú también determines qué día vas a dejar de fumar.

Dejarlo en un día

Ahora que ya estás viviendo tus últimos días de fumador, tendrás que fijar cuál va a ser el día X. Busca uno con poco ajetreo y preocupaciones que puedan incitarte a fumar. Ése va a ser el día de la verdad. Pero es necesario que tengas muy claro que a pesar de que el síndrome de abstinencia es posible que se manifieste varias veces al día, esos «ataques» apenas duran diez minutos. Y lo más importante: estarás preparado para afrontarlos. Generalmente, al cabo de cinco días ya se habrá roto el hechizo de la dependencia física. Se empezarán a liberar las ataduras. Cuando hayas conseguido superar el primer día ya habrás dado un importante paso adelante. Ahora sólo tienes que concentrarte en aguantar 20 días más, y es casi seguro que lo conseguirás. Así te liberarás del encadenamiento al que te tiene sometido la dependencia psíquica. Te sentirás recompensado. Disfru-

> **HAY QUE ELEGIR BIEN EL DÍA PARA DEJAR DE FUMAR**
>
> Para que tu paso a la vida de ex fumador sea un éxito, es importante que el día que elijas para dejarlo
>
> › no tengas obligaciones, ni compromisos ni estrés,
> › dispongas de tiempo libre,
> › se produzcan pocas situaciones que te induzcan a fumar,
> › y dispongas de muchas posibilidades para distraerte haciendo cosas que te gusten.

¡IMPORTANTE!

tarás más, te sentirás mejor y sin embargo no engordarás.

Alguna vez habrá que elegir el momento para dejarlo. ¡Confía en ti mismo! No busques excusas, mantente firme en tus decisiones: ¡nada es perfecto! Lo mejor es que elijas una fecha dentro de los próximos diez días. Para entonces ya tendrás listos tus preparativos, habrás asimilado los consejos y trucos para afrontar el síndrome de abstinencia y conocerás a fondo tu comportamiento adictivo. Sabrás lo que te espera y estarás bien equipado para ello. Un detalle: lo ideal es dejar de fumar en fin de semana. Así dispondrás de más tiempo y más libertad, te sentirás más relajado y podrás hacer lo que quieras.

Seguir fumando

La idea de no poder fumar hace que los fumadores automáticamente se sientan angustiados. La angustia lleva al estrés y éste hace que el recuerdo del cigarrillo vuelva a aparecer en escena. Un círculo vicioso. Por lo tanto, lo mejor es que sigas fumando durante la preparación hasta que sepas cómo liberarte.

¡Basta de excusas!

A los demás les suelen parecer sorprendentes e incomprensibles las excusas que emplean los fumadores para asegurar que no pueden dejar su hábito. El fumador necesita recurrir a todo tipo de argumentos para hacer que su «debilidad» sea creíble tanto para él como para los demás. A veces no sólo tiene miedo de perderse algo importante sino también de quedar como un fracasado.

No es el momento adecuado

Esperar a dejar de fumar en el momento adecuado es algo totalmente ilusorio. Así, lo de dejar de fumar pasará a la semana próxima, al mes siguiente, al año que viene y seguirá un camino sin fin. Por tanto, toma ya una decisión. Y que no sea a muy largo plazo. El momento absolutamente idóneo no existe, pero siempre habrá buenas oportunidades.

Ya lo he intentado muchas veces

La mayoría de los fracasos se deben a una falta de preparación. Al llegar el día previsto para dejar de fumar, el fu-

SIN FORZAR

Si ahora ya tienes la sensación de que podrías fumar un par de cigarrillos menos, hazlo. ¡Pero no dejes que eso se convierta en una ilusión prematura!

mador no sabe lo que tiene que hacer para combatir el síndrome de abstinencia. Y los fracasos le llevan a pensar: «¡No lo conseguiré jamás!».

Librarse de la dependencia no es un trabajo fácil. Por tanto, el abandono no ha de realizarse de modo espontáneo y en función del estado anímico de ese momento, sino que deberá estar planificado con tiempo y bien preparado.

También hay que tener en cuenta que, por muy bien preparado y planificado que estés, siempre existe el riesgo de que se produzca una recaída. Pero con cada intento aumentará tu experiencia, y con ella tus posibilidades de éxito. Aprenderás a reconocer tus puntos débiles y a protegerte de ellos.

No tengo voluntad

Crees que no tienes algo que los demás poseen: voluntad. Pero ésta no es tan imprescindible. Lo importante es que te decidas a dar el primer paso, sea por primera o por enésima vez. Dales a tu voluntad y a tu aguante una oportunidad para que se desarrollen, por ejemplo con los primeros éxitos. Al principio plantéate las cosas día a día y no pienses en grandes etapas. ¡Piensa en todos aquellos que ya lo han conseguido, y a ellos no les costó menos que a ti!

Engordaré

Es cierto que muchas personas engordan al dejar de fumar. Es un proceso natural de nuestro organismo. La nicotina frena el apetito, pero no es un remedio para adelgazar. Cuando hayas conseguido dejar de fumar puedes mantener tu figura a base de una alimentación adecuada y de hacer algo de ejercicio. A partir de la página 106 encontrarás más información al respecto.

Solamente fumo light

Te has creído ese cuento de los cigarrillos light y de fumar sin riesgos. Los ciga-

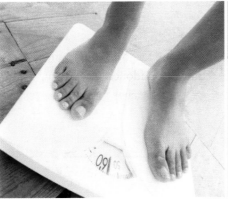

¿FUMAR PARA GANAR ATRACTIVO FÍSICO?

Las personas que fuman para no engordar o para conservar la línea deberían tener muy claro que la delgadez por sí sola no es ninguna garantía de belleza.
Fumar hace que la piel se vuelva delgada, arrugada, gris y flácida, ¡y esto se hace especialmente evidente en el rostro!

NOTA

rrillos light contienen exactamente la misma cantidad de nicotinas y alquitranes que los cigarrillos normales, solamente tienen más agujeros en el filtro. Consecuencia: para mantener el nivel de nicotina habitual, el fumador inhala más veces y con más fuerza. Producen la misma adicción y las mismas enfermedades que los cigarrillos normales. ¡Incluso existe un tipo de cáncer especialmente agresivo que solamente ataca a los que fuman cigarrillos light!

No fumo mucho

El número de cigarrillos que fumes es decisivo para tu salud, y que el riesgo se multiplica con cada cigarrillo de más. Pe-ro a partir del tercer cigarrillo del día, tus pulmones ya no tendrán tiempo para recuperarse del efecto del tabaco. Y a algunas personas les bastan mucho menos de diez cigarrillos diarios para volverse adictas para siempre. Además: ¡Al dejar de fumar, aquellos que fumaban poco pueden notar los mismos síntomas que un fumador empedernido!

Añoro las cosas buenas del fumar

Sufres una decepción sensorial, solamente recuerdas las cosas buenas que te proporcionaba el fumar y no lo consideras como un éxito personal. Tu memoria adictiva te recuerda que la pasta y el vino

¿MÁS RENDIMIENTO GRACIAS A LOS CIGARRILLOS?

NOTA

Es curioso que aquellos que tienen que mantener la concentración durante mucho tiempo sean no fumadores estrictos, como es el caso de los jugadores de ajedrez y los pilotos de carreras. Michael Schumacher y sus compañeros de equipo hacen publicidad de Marlboro, pero jamás se les ha visto fumando. Si los pilotos de Fórmula 1 fumasen, bajaría su rendimiento, ya que el venenoso monóxido de carbono les pasaría a la sangre haciendo bajar el nivel de oxígeno y esto haría disminuir su capacidad de reacción. El cigarrillo solamente se lo pueden permitir los que ven las carreras por la televisión.

tinto es imprescindible que vayan seguidos de un buen cigarrillo. Pero lo que hace la nicotina es disminuir el aroma y el sabor.

El no fumador desconoce esta sensación. Disfruta de la pasta y de un buen vino sin tener necesidad de fumar después. El no fumar aporta muchas más cosas buenas de las que tú, como fumador, eres capaz de apreciar (por ejemplo el sabor puro de los alimentos y las bebidas, y también el bienestar físico).

Mi abuelo fumaba como una chimenea y vivió muchos años

Magnífico para tu abuelo, pero para ti esto no supone ninguna garantía. Si cien personas cruzan la calle con los ojos vendados es probable que diez consigan llegar sanas y salvas a la otra acera. Pero la probabilidad estadística de que tú estés entre ellas es bastante baja. Además, los años no nos indican cuál fue la calidad de vida de esa persona. Fumar provoca enfermedades y baja el rendimiento físico ¡a cualquier persona!

Olvídate del «sí, pero...»

A muchos fumadores, la idea de dejar de fumar les produce una sensación de incertidumbre. Mentalmente buscan de continuo alguna disculpa antes de realizar siquiera el primer intento de dejar de fumar. Esto no son más que excusas para ir aplazando el dejar de fumar, y al final lo único que hacen es complicar las cosas más aún:

> «Dejaré de fumar cuando en mi negocio ya no falle nada más.»
> «Yo no fumo, pero si tengo una discusión un poco fuerte necesito encender un cigarrillo.»
> «Seguiré sin fumar, pero sólo si no engordo.»
> «Mientras no tenga ningún problema con mi pareja, puedo precindir perfectamente del tabaco.»
> «Cuando la situación en el despacho se vuelve muy estresante necesito fumar.»

Naturalmente, no es fácil mantenerse firme en circunstancias difíciles. Pero se trata de algo más importante que esas discusiones que luego siempre se arreglan o de engordar unos kilos que luego se pueden perder con facilidad. Se trata de tu salud y de la nueva energía que irá creciendo en ti con cada cigarrillo que no fumes. Esos insoportables minutos durante los cuales te habrás mantenido firme en tus propósitos resultarán ser luego los más importantes. Has de tener esto muy claro: hasta ahora, el tabaco no te solucionaba realmente los problemas. Al contrario, tu debilidad te hacía caer cada vez en tu viejo problema, fumar.

Entreno mental

Es posible blindarse contra los altibajos y contra la desmoralización que se pueden producir al dejar de fumar; y se hace mediante el entreno mental. Los deportistas ya hace mucho tiempo que emplean este «imaginarse algo» para aumentar su rendimiento, mejorar su concentración y optimizar sus secuencias de movimientos. Ahora ya te toca «tomar la salida» como si fueses un deportista.

Las metas del entreno mental son superar obstáculos y cambiar los malos hábitos, profundamente grabados en el consciente o en el inconsciente, por otros nuevos. Es decir: te imaginarás detalladamente a ti mismo antes de empezar a dejar de fumar. Te liberarás de cualquier pensamiento negativo y dejarás los malos hábitos. El entreno mental te permitirá reconocer en el acto aquellas situaciones o circunstancias en que podrías volver a fumar y te permite actuar a tiempo contra ellas (una aptitud muy importante para lograr liberarte para siempre de las garras de la adicción).

Hablar con uno mismo

Hablar con uno mismo es la principal herramienta del entreno mental. En su libro *Ressource Ich*, el médico y psicólogo de deporte Dr. Hans Ebersprächer dice lo siguiente: «Se trata de una conversación que constantemente tenemos con nosotros mismos cuando planificamos algo, para tomar decisiones o para valorar algo. Sirve como autocontrol, pone orden en las ideas y desarrolla planes para tra-

tarnos a nosotros mismos. Para mucha gente, los que hablan solos es porque no tienen la cabeza demasiado bien. Sin embargo, conversar mentalmente con uno mismo sin expresarse en voz alta es lo más normal del mundo». Cada cual tiene su propia voz, y a la mayoría de la gente le es fácil evaluar y tratar rápidamente las situaciones rutinarias. Pero en los momentos difíciles, cuando los problemas se complican y amenazan con consecuencias negativas, la conversación con uno mismo se intensifica. Si faltan ayudas para salir adelante, la situación parece no tener solución. Consecuencia: aumenta el estrés, la conversación decae y se vuelve negativa. Y los pensamientos negativos debilitan, hacen que se pierdan las energías y la ilusión.

Diálogo interno y fumar

La voz interior del fumador aparece ya cuando éste piensa en el día en que va a dejar de fumar. Si la cabeza empieza a ir de un lado a otro, desde el «¡Lo voy a conseguir!» hasta un «¡No sé ni por qué lo intento! ¡Esto no va a funcionar!», de repente aparece una sensación de desasosiego. Si esta sensación triunfa, se pierde el control sobre las ideas y los actos. O se aplaza el paso a ex fumador o, si ya se está intentando dejarlo, se produce una recaída.

Cuando se manifiesta el síndrome de abstinencia, los pensamientos del fumador oscilan constantemente entre la seguridad y la duda, entre conseguirlo o no. Esto es un proceso normal y que puede controlarse. Si los ataques son fuertes se corre el riesgo de que disminuya la motivación para dejar de fumar y que cada vez se valoren más las virtudes del tabaco.

Conservar el equilibrio

El día que empieces a dejar de fumar, y durante un tiempo después, habrá momentos en que se manifestará la dependencia y que en la mente se producirá un verdadero enfrentamiento entre las virtudes del tabaco y las ventajas de dejar de fumar. Según la situación y el estado de ánimo, el fiel de la balanza se inclinará hacia un lado u otro, la conversación con uno mismo pasará a convertirse en batalla. Y si la adicción es muy fuerte, se corre el riesgo de que el asunto se decante hacia el lado erróneo. Primero fracasa la cabeza, y luego le abandonan a uno las fuerzas psíquicas. Ya ahora deberías aprender a controlar esta batalla mental. Fíjate bien en la nota de la página 71 que indica «Por qué fumo». Ahí deberías haber apuntado los principales motivos que te inducen a fumar. Y, para mantener el equilibrio, lee también la de «Por qué dejo de fumar». En ella debes haber escrito tus más importantes contrapesos.

Órdenes del subconsciente

Si quieres dejar de fumar deberás conocer bien los dos platos de la balanza. Solamente así podrás vencer el deseo de fumar y neutralizarlo con las ventajas del no fumar. Y ante todo has de ejercitar las órdenes positivas. Por este motivo es importante que practiques la conversación contigo mismo de modo positivo. A partir de ahora se consideran tabú las frases tales como «¡Nunca has tenido constancia en nada!» o «¡Enseguida te quedas sin fuerzas!». En vez de esto, envíale órdenes positivas a tu subconsciente, como por ejemplo:

> ¡Cada vez que prescindo de un cigarrillo se refuerza mi subconsciente!
> ¡Sin mi adicción me siento libre y ligero!
> ¡Soy capaz de dejarlo!

A partir de ahora, repítete estas afirmaciones varias veces al día. También te puede ser útil anotar estas frases en tarjetas. Pégalas en el espejo del cuarto de baño para leerlas ya a primera hora de la mañana mientras te lavas los dientes. Colócalas en tu cartera o en el portafolios y sácalas con frecuencia para consolidar tu fuerza de voluntad.

Aprovechar la fuerza de la imaginación

«Una vez tomada la decisión de no volver a fumar nunca más, no hay que volver a planteárselo». A todos los fumadores les encantaría poder seguir este consejo, pero su cabeza no siempre lo logra. En cada manifestación del síndrome de abstinencia, el nuevo ex fumador se ve asaltado por el impulso a encender un cigarrillo. Su conciencia le dice: «¡Deja de una vez esta tontería, vas a arruinar tu salud!» Pero al mismo tiempo nota una desagradable sensación en el estómago: «¡Fúmate ahora un cigarrillo y verás como enseguida te encontrarás mejor!»

Ideas que debilitan

Esta tendencia a simplificar hace que nuestras ideas acerca de los peligros e inconvenientes del tabaco se conviertan literalmente en humo. En nuestra imaginación aumenta constantemente la intranquilidad interna ante la idea de no volver a recibir nunca más aquello que antes nos producía placer y nos tranquilizaba. Se acabó el placer, la relajación y las agradables veladas con los amigos. «¿Qué es lo que voy a perder en mi trabajo o en mi relación con los demás? ¿Seguiré siendo productivo y creativo?» En esos momentos, lo mejor que puedes hacer es dejar que las ventajas de dejar de fumar desfilen ante tu mente como si se tratase de una película. Un buen tenista sale a la pista relajado y sin que le tiemblen las rodillas. Conoce perfectamente la fuerza de su adversario, pero durante el juego se concentrará en la suya propia. Fijará su mente en la idea de «a ver cómo puedo ganarle» en vez de

«ojalá no pierda». Y estas afirmaciones positivas también juegan su papel. Y así es como tú también deberás hacerlo. No te concentres en lo que vas a ceder o en lo que vas a perder. Imagínate solamente que vas a conseguir algo muy atractivo. No sentirás más la necesidad de fumar, y sin embargo te encontrarás estupendamente. Concéntrate solamente en «¿Qué voy a ganar?»

La imaginación como refuerzo

En la nota de «Por qué dejo de fumar» de la página 71 ya has anotado cuáles crees que serán las principales ventajas de vivir sin humos. Vuelve a leerlas y préstales atención. Y ahora pasa a la práctica: dedícales un par de minutos varias veces al día. Busca un lugar tranquilo, cierra los ojos, respira profundamente y relájate. Imagina ahora lo que sería una vida sin depender del tabaco. Deja volar tu imaginación. Visualiza detalladamente las ventajas de no fumar, hazlo en imágenes a todo color. Disfruta de las imágenes que estás viendo en tu interior. Aspira el aroma fresco de tu ropa, admira el blanco de tus dientes y el color saludable de tu rostro. Fíjate en lo orgullosa de ti que está tu pareja, disfruta de los comentarios de admiración de tus amistades: «¡Es fantástico que lo hayas logrado!» Imagínate corriendo felizmente cada mañana por el parque, respirando sin fatiga y, además, perdiendo peso. Entonces seguro que te dirás: «¡Sí, ahí es donde quiero llegar! ¿Me será fácil conseguirlo!» Piensa en todo esto a la hora de irte a dormir, ya que en esos momentos es cuando mejor se te grabarán estos mensajes en el cerebro.

¡Ancla tus buenas sensaciones!

La felicidad no se consigue con sólo apretar un botón, ¡pero sí con un chasquido de tus dedos! Aprende una técnica derivada de la programación neurolingüística (PNL): el anclaje. Sumérgete en tu imaginación, visualiza con imágenes y sensaciones lo plena que será tu vida sin tabaco. Vuelve a la imagen en que te veías corriendo por el parque. Imagina que tus pulmones se llenan con el aire fresco de la mañana. Tu respiración es fluida y despejada, los pies corren como el viento. Te sientes ágil y ligero como hace tiempo no te sentías. Tu cabeza está libre, el riego sanguíneo recorre perfectamente todo tu cuerpo y éste está caliente hasta en las puntas de los dedos. Tu mente está en perfecta sintonía con el mundo. Todo va bien. Inspiras y espiras profundamente.

Cuando llegues a este punto de tu viaje con la imaginación, tira el ancla: haz chasquear los dedos, pellízcate en los brazos, mírate las manos o toca tu talismán de la suerte. Así lograrás que las buenas sensaciones queden conectadas a un estímulo clave.

Cuando hayas adquirido un poco de práctica no tardarás en ligar este estímu-

Imagínate lo agradable y refrescante que sería salir a correr por la mañana.

lo clave con las sensaciones positivas del no fumar. Si en un momento determinado corres el riesgo de que tus buenos propósitos salten por la borda, chasquea los dedos. Así harás que regresen todas esas sensaciones positivas. También es bueno que te afirmes a ti mismo: «¡Soy capaz de dejarlo!», así podrás afrontar las embestidas de la adicción.

El rodaje

Uno de los próximos días se va a dar el pistoletazo de salida. A partir de ahí no vas a fumar ni un solo cigarrillo más. Es la mejor manera de dejar de fumar, pero tiene un inconveniente: no puedes saber previamente cuál va a ser la reacción de tu cuerpo y tu mente ante la abstinencia. Y esta incertidumbre asusta. ¿Qué me va a pasar? ¿Cómo saldré de esta? ¿Podré conseguirlo? Haz una prueba de rodaje para comprobar tu dependencia y ver cuáles son tus puntos débiles. Y para ello vas a romper la más estrecha relación entre cigarrillo y situación de cuantas hayas desarrollado en tu vida de fumador.

Prescindir del cigarrillo más difícil...

Cada fumador tiene su cigarrillo favorito, aquel del que menos le gustaría prescindir o que más le costaría dejar. Puede ser:

❯ el cigarrillo de la mañana,
❯ el cigarrillo de después de comer,
❯ el cigarrillo para relajarse,
❯ el cigarrillo por placer,
❯ el cigarrillo social.

A partir de ahora, y hasta que empieces de verdad a dejar de fumar, ¡olvídate de tu cigarrillo favorito! Así, a partir de hoy mismo ya sabrás lo que te espera el día en que dejes de fumar y podrás prepararte adecuadamente para ello. Además, así el día X ya no necesitarás tu cigarrillo más importante.

...en el momento más difícil

Si fumas por estrés, es posible que digas: «¡Cada uno de mis cigarrillos es el más difícil!» Pero tampoco ha de ser tan

A los fumadores adictos les es muy difícil empezar el día sin su cigarrillo.

difícil. Para entrenarte, deja solamente el cigarrillo que fumes en el momento que sea más importante para ti; como por ejemplo el de…

> antes o después de trabajar,
> en el descanso del trabajo,
> al teléfono o al ordenador,
> después de comer,
> viendo la televisión,
> con el café o con una copa de vino,
> situaciones agradables en compañía.

Es especialmente difícil dejar de fumar si hay alcohol de por en medio, ya que éste hace que se relaje mucho la voluntad.

Superar la dependencia física

Hemos llegado ya al punto en que nos toca ocuparnos de las consecuencias de la deshabituación a la nicotina, ya que el cerebro reaccionará ante la súbita carencia de una sustancia a la que estaba habituado. La abstinencia física se manifiesta de formas bastante desagradables, como por ejemplo fatiga, inquietud, nerviosismo e irritabilidad.

Trucos contra los síntomas físicos

Los desagradables síntomas de la súbita interrupción en el suministro de nicotina solamente duran cinco días. Es un tiempo muy breve y, lo más importante, con un par de sencillas precauciones es muy fácil superar esta fase de la deshabituación.

> **Inquietud, irritabilidad**

¿Estás nervioso, te irritas por cualquier tontería, a veces te enfadas, te sientes frustrado o furioso; tu paciencia y tu tolerancia disminuyen notablemente a ca-

UN CASO APARTE: EL CIGARRILLO DE LA MAÑANA

En esta fase de pruebas, el cigarrillo de la mañana juega un papel muy especial. Por la noche, el nivel de nicotina en el organismo desciende a cero. Las neuronas de los centros de activación y recompensa carecen totalmente de los neurotransmisores noradrenalina y dopamina. Y esto hace que al levantarte de la cama ya tengas muchas ganas de encender el primer cigarrillo del día. Pero la necesidad se te pasa con un par de caladas profundas. Los neurotransmisores vuelven a fluir en abundancia. La mayoría de los fumadores consideran estos momentos como imprescindibles.

Si a ti también te pasa esto, entonces no dudes en considerar al cigarrillo de la mañana como el más difícil de todos. Si prescindes de este cigarrillo matinal, cuando llegue el «verdadero» día de dejar de fumar no lo verás todo tan negro.

da hora que pasa? Descárgate haciendo deporte o cualquier otra actividad que implique esfuerzo físico (por ejemplo, arreglar el jardín, limpiar la casa o eliminar los trastos viejos del garaje). Pero también es conveniente que te relajes saliendo a pasear un rato o dándote un baño caliente. Respira con fuerza y siendo consciente de lo que haces. Y no te olvides de esto: durante los primeros días sin nicotina procura evitar en lo posible cualquier situación estresante, los enfados y los problemas.

❯ Problemas de concentración

¿Tus pensamientos van y vienen, no consigues concentrarte en nada, la imagen del cigarrillo no deja de pasarte por la mente? En esos casos es muy útil tomarse un pequeño descanso y hacer otra cosa. También va bien dar un corto paseo o, si eso tampoco funciona, ¡respirar profundamente ante la ventana abierta para que el oxígeno estimule a las células grises! (En la página 88 se explica como respirar correctamente cuando se produce el síndrome de abstinencia.) Sin embargo,

para evitar el estrés lo mejor es procurar no tener mucho trabajo durante los primeros días.

❯ Alteraciones del sueño

Muchos fumadores se quejan de que durante los primeros días de dejar de fumar les cuesta mucho dormir. En esos casos es muy importante mantenerse activo durante todo el día y hacer tanto ejercicio como sea posible. También conviene prescindir del café y del té a partir de las 18 horas.

❯ Cansancio

Si lo que sucede es que te sientes cansado o fatigado, lo mejor será que duermas una pequeña siesta si tienes la oportunidad de hacerlo. También es aconsejable que salgas con frecuencia al aire libre y que hagas ejercicio (y deporte) en el exterior.

❯ Estreñimiento y flatulencias

La excitación de la nicotina no sólo le faltará al cerebro sino también al intestino. Y esto acarrea problemas digestivos. Por este motivo es conveniente beber más líquido de lo habitual; por lo menos tres litros al día. Para que el intestino realice sus funciones naturales también es necesario consumir alimentos ricos en fibra (fruta, verdura, productos de grano integral) repartidos en varias pequeñas comidas a lo largo de todo el día. Las actividades deportivas también son un buen estímulo para la digestión: si todo el cuerpo está en movimiento, el intestino también se mueve. Además: si el estreñimiento es muy

---

NOTA

LA CANTIDAD NO IMPORTA

También es importante que sepas esto: ¡Aunque solamente fumes unos pocos cigarrillos al día, al dejar de hacerlo es posible que sufras lo mismo que si fueses un fumador empedernido!

fuerte se puede aliviar con uno o dos vasos de zumo de col amarga. También es muy útil beber un vaso de agua hervida tibia al levantarse.

> **Tos, garganta seca, flujo nasal**

Todo esto no es nada malo. Las mucosas se están regenerando, lo mismo que las vías respiratorias. Conviene beber mucho y, si es necesario, tomar gotas contra la tos a base de sustancias naturales como por ejemplo extractos de tomillo o musgo de Islandia.

Recuperación al cabo de pocos días

Los síntomas de la deshabituación física son desagradables, pero también son la prueba de que el organismo se está recuperando de los efectos del consumo de tabaco y todas las toxinas que lo acompañan. ¡Y esto es tranquilizador! Además, el saber que las molestias físicas desaparecerán al cabo de pocos días es algo que también da confianza y ayuda a superar la situación. Por tanto, recuérdate varias veces al día que todas esas molestias desaparecerán al cabo de muy poco tiempo.

Superar la dependencia psíquica

Pero no es la dependencia física la que hace que muchas personas que desean

> Durante la abstinencia hay que beber por lo menos tres litros de líquido al día, principalmente agua mineral, zumos de frutas diluidos o infusiones de hierbas.

dejar de fumar fallen en sus intentos. Los fumadores que acaban cediendo suelen hacerlo a causa de la dependencia psíquica. Por tanto, éste es un tema decisivo para el éxito. Al dejar de fumar, todos los fumadores notan los síntomas psíquicos del síndrome de abstinencia: momentos en que necesitan urgentemente un cigarrillo y una gran incomodidad por tener que dejar de fumar en determinadas ocasiones. El rodaje de prueba, prescindir de tu cigarrillo más difícil, ya te habrá permitido vivir de cerca estos síntomas de la adicción.

Síndrome de abstinencia

También tienes que estar preparado para esto: en cuanto hayas apagado tu último cigarrillo, en los días siguientes te asaltarán con frecuencia deseos más o menos intensos de volver a fumar. Según lo grave que sea tu dependencia del tabaco, estos asaltos se producirán con mayor o menor frecuencia. Más tarde también aparecerán de vez en cuando, pero cada vez menos. Generalmente están relacionados con determinados lugares, situaciones, actos o circunstancias. En la nota

AYUDAS NATURALES PARA DORMIR

Si la abstinencia de la nicotina te hace estar muy nervioso y te produce insomnio, puede serte de ayuda beber un vaso de leche caliente antes de ir a dormir.
Las infusiones de hierbas también son relajantes y ayudan a conciliar el sueño. Entre éstas podemos citar la de hojas de melisa, flores de lavanda, flores de pasionaria, raíz de valeriana y frutos de lúpulo.

«Cuándo y dónde fumo» de la página 71 ya has apuntado cuáles son las situaciones de máximo riesgo. Ten siempre en cuenta cuáles son para poder estar prevenido y dominarlas.

Apartar, desviar, esperar...

A pesar de que al principio los síntomas de la abstinencia son muy molestos y se manifiestan con mucha frecuencia, solamente duran entre cinco y diez minutos. ¡Y esto es muy poco tiempo! Tu habilidad ha de consistir en soportar esos minutos con los medios adecuados o incluso apartarse de ellos.

Por supuesto, enfrentarse a todo eso no es nada fácil. Pero aún es más difícil si no estás preparado para ello e intentas dominar la situación con todas tus fuerzas mientras te oprime el deseo. Buscar desesperadamente una salida es incluso perjudicial, ya que entonces el deseo será cada vez mayor. En estos casos lo más recomendable es recurrir a la «regla A-D-E» de la página siguiente.

En los días anteriores a dejar de fumar, grábate en la memoria nuevas situaciones en las que pueda volver a aparecer tu adicción y en las que se pueda aplicar esta regla. Este comportamiento esquivo has de grabártelo en cuerpo y alma, y sólo lo conseguirás si entrenas tu imaginación. Retírate siempre que puedas (por lo menos tres veces al día) durante un par de minutos. Cierra los ojos, inspira y espira diez veces profundamente, relájate. Entonces visualiza con máximo lujo de detalle algunas situaciones en las que te puede asaltar el deseo de fumar y lo que harás para afrontarlas. No tengas remordimientos si en las siguientes semanas te dedicas a tus propios intereses (o sea, a intentar dejar de fumar) más que a ninguna otra cosa. ¡No es el momento de estar pensando siempre en los demás y en sus problemas!

Si estás en una fiesta y ves que la tentación se hace demasiado fuerte, lo mejor será que te vayas pronto a casa,

SUGERENCIA

REGLA A-D-E

Para poder combatir los deseos de fumar de modo automático y sin tener que pararte a pensar en ello es necesario que antes te hayas preparado muy bien para este momento. Lo mejor que puedes hacer es atenerte a la Regla A-D-E: apartar, desviar, esperar.

Apartar

Es decir, salir lo antes posible de la situación o del lugar en que estás, por ejemplo:

> Deja el televisor o el ordenador durante diez minutos.
> Sal por unos momentos de casa, del despacho o del bar.
> Si estás en una conferencia o en una reunión, sal un momento para ir al lavabo y deja correr el agua fría por tus muñecas o abre la ventana para respirar profundamente aire fresco.
> Sal de la fiesta y da un par de vueltas a la manzana.

Desviar

Es decir, sustituir el fumar por otra actividad, por ejemplo:

> Dúchate, lávate el pelo, cúidate la piel.
> Ve a nadar o a la sauna, a correr, a pasear en bicicleta o a patinar.
> Sal a dar una vuelta por la ciudad o ve al cine.
> Llama a algún amigo o amiga.
> Cocina algo bueno.
> Actualiza tu agenda, escribe cartas o e-mails, navega por la red.
> Haz algo que tengas pendiente desde hace tiempo.

Esperar

En cuanto sientas unos fuertes deseos de fumar un cigarrillo, piensa que este ataque solamente dura un par de minutos. Si logras resistir los primeros cinco a diez minutos, tu «mono» ya habrá pasado.

Los primeros días suelen ser difíciles, pero te ayudará mucho distraerte con cosas que te gusten.

tuviste suficiente tiempo. Y deja este programa en un lugar en el que siempre esté disponible.

Respirar profundamente

En muchas situaciones críticas nos decimos «¡Y ahora respira hondo!» Suspirar y jadear realmente nos ayuda, de lo contrario no lo haríamos. Y así lo afirman los psicólogos. Hasta ahora lo has venido haciendo inconscientemente para eliminar la opresión y la tensión. Pero ahora suspirarás y jadearás conscientemente porque te ayudará a relajarte durante el día en que dejes de fumar.

En los momentos de pánico te puede ser muy útil este ejercicio: inspira lenta y profundamente por la nariz para captar tanto oxígeno como puedas. Retén el aire durante unos cinco segundos y luego suéltalo lentamente por la boca.

Apoyo externo

A lo mejor te apetece imaginarte como el Ave Fénix y salir en un momento dado de tus cenizas convertido en ex fumador. Pero a lo mejor te es más útil explicar a la gente que te propones dejar de fumar. Ocultar tu propósito de dejar de fumar te proporcionará menos éxitos que hacerlo público. Motivo: es bueno confiar en uno mismo, pero es mejor contar con un control y apoyo externos. Si todavía

¡aunque sea el cumpleaños de tu mejor amiga!

Para ti es muy importante que antes de empezar ya tengas muy claro cuáles son las estrategias que vas a emplear para afrontar o esquivar las tentaciones. Ya te has analizado a ti mismo y sabes por qué, cuándo y dónde fumas. Escribe tu propio programa de defensa: haz una lista con todo aquello que siempre habrías deseado hacer, pero para lo que nunca

no lo has hecho, informa ahora a tu familia, a tus amigos y a tus colegas de que ya estás en plena cuenta atrás y que esperas que te apoyen en lo posible. En esta situación, es una ventaja contar con la confianza de otras personas.

> Te ayudará a mantenerte firme en tus propósitos, a no flaquear aunque a veces la opresión externa pueda ponerte nervioso. La sensación de sentirte vigilado hará que te sea más difícil recaer en tus viejos (y malos) hábitos.

> Cuantas más personas impliques, más apoyo obtendrás: tu pareja sabrá cómo elevarte la moral. Los amigos te invitarán a participar en distintas actividades para que olvides la adicción, y los colegas te ayudarán cuando te encuentres hundido. Los ex fumadores te comentarán sus anécdotas y experiencias. Oír que: «¡A mí me pasó lo mismo!» puede servir para reforzarte la fuerza de voluntad.

Cerrar la «puerta trasera»

A lo mejor sigues teniendo miedo de no conseguirlo, y entonces ¿por qué buscar ayuda? Es comprensible que tengas miedo de hacer el ridículo si fallas en el intento y se entera todo el mundo. Temes que pueden creer que una recaída es una señal de debilidad. Prepárate mentalmente para esta situación. Pero sin dejar de tener esto muy claro: una recaída te supondría la ocasión para aprender co-

sas muy importantes. ¿Quién dice que después no volverás a estar equilibrado? Además: todo el que hace algo, a veces se equivoca. Tu sigues adelante con tu propósito, lo cual no puede decirse de todo el mundo. ¡Y un pequeño «fracaso» no debe bastar para hacerte desistir de alcanzar tus propósitos! La ayuda de las personas de buena fe es demasiado importante como para prescindir de ella, solamente porque haya algunos detractores y desconfiados que estén esperando a ver cómo vuelves al mundo de los fumadores.

Reparte algunas «instrucciones»

Al faltarte tu droga habitual, la nicotina, es muy posible que sientas cosas que nunca habías sentido con anterioridad: cansancio profundo, mal humor, irritabilidad hasta llegar a la agresividad, sensibilidad extrema. Todo esto no suele durar más que unos cinco días, pero es conveniente que a las personas que te rodean les proporciones algunas instrucciones para que sepan cómo tratarte durante este reducido espacio de tiempo, especialmente para el primer día:

> «Si me muestro irritable, por favor no te lo tomes como algo personal, ayúdame a superarlo.»
> «Si digo que necesito un cigarrillo como sea, hazme pensar en otra cosa.»
> «Si me muestro cansado y apático, ayúdame a elevar el ánimo.»

La preparación también es importante para las personas que te rodean. Todo irá mejor si comprenden tu situación y tu estado de ánimo. Di siempre lo que necesitas. Pide que te apoyen y que te vigilen, después de todo, solamente son un par de días.

Deja que te animen

Tu monólogo también puede recibir apoyo externo. El que haya corrido alguna vez una maratón, sabrá a lo que nos referimos. Los espectadores animan a los corredores gritándoles: «¡Vamos! ¡Adelante! ¡Sigue!» Deja que te ayuden tu pareja, tus amigos y tus colegas. Busca el apoyo de aquellos que estén dispuestos a darte ánimos y puedan empujarte hacia la meta. Ten sus números de teléfono siempre a mano, nunca sabes cuándo vas a poder necesitarlos; a veces una pequeña conversación puede ser de gran ayuda.

¿Qué te apuestas...?

Un método muy eficaz para obligarse a algo es hacer una apuesta con un amigo, con los hijos o con la pareja. Deja que sea la otra parte la que decida lo que os jugáis, si al cabo de dos semanas sigues sin fumar ¡todos salís ganando!

Últimas consideraciones

Está amaneciendo el que será tu último día como fumador. Ha llegado el momento de que te despidas para siempre

Haz alguna apuesta que te obligue a seguir adelante.

de tu inseparable compañero. No tengas miedo, confía en ti. Los ejercicios que has practicado durante los últimos días han reforzado tus deseos de emprender una nueva existencia, una vida libre y sin el remordimiento de estar destrozando tu salud. Te has preparado bien. Sabes perfectamente por qué, dónde y cuándo fumas. Conoces tu dependencia física y tu dependencia psíquica. Has visto cuáles son las situaciones que te inducen a fumar y has desarrollado estrategias para evitarlas. Tu pareja, tus amigos y tus colegas ya saben cuáles son tus propósitos. Ahora sólo te falta hacer los últimos preparativos:

❯ Siguiendo aquello de que «¡Ojos que no ven, corazón que no siente!», deberás hacer desaparecer todos los cigarrillos, ceniceros, encendedores y cerillas que haya por tu casa. Ventaja de esto: en el caso de que tengas la tentación de fumar no encontrarás con qué hacerlo, y probablemente la necesidad desaparecerá antes de que hayas tenido tiempo de conseguir nuevas provisiones.

❯ Asegúrate de que el primer día estés lo menos ocupado posible. Libérate de situaciones límite. Evita el aburrimiento, las angustias y los enfados. Si tenías alguna cita importante, aplázala. Anula la cena con los amigos o en el club. Deja los papeleos u otros asuntos im-

CUESTIÓN DE ACTITUD

¿No debes seguir fumando? ¡Falso! ¡Te alegras de no tener que seguir fumando! Si tu actitud es la correcta ya tendrás mucho ganado. Para conseguirlo, grábate bien estas ideas:

❯ «Solamente deseo volver a fumar para librarme de este desagradable síndrome de abstinencia que tengo por haber fumado durante tanto tiempo.»

❯ «No renuncio a ningún placer, al contrario, aprendo a volver a disfrutar. Y esto hace que valga la pena esforzarse un poco.»

❯ «Acepto que soy un adicto y que voy a pasar algún mal rato. Con mi pasado como fumador, esto es totalmente normal.»

SUGERENCIA

portantes para otro día. Ahora tú eres más importante que todo lo demás. Si logras superar el primer día habrás avanzado mucho en la buena dirección.

❯ Quizá necesites tus notas antes de lo que imaginabas. Vuelve a leer tus anotaciones acerca del dejar de fumar y de tus defensas contra el hábito. Repásalo todo otra vez. Mantén tus notas siempre a mano durante los próximos días.

El día en que dejas de fumar

Ya puedes empezar. Hoy es un día muy importante para ti. Empieza una nueva etapa de tu vida. Has acabado todos los preparativos y ya sabes lo que te espera. ¡No hay motivo para desanimarse! Es probable que te sorprenda ver hasta qué punto te despierta la curiosidad la sensación de que «se acabó». Es lo mismo que sucede cada vez que tomamos una decisión difícil que hemos estado meditando durante mucho tiempo. Una vez encontrado el camino y dado el primer paso avanzamos mucho más libres y ligeros hacia la meta. Y no te olvides de esto: ¡Estás bien preparado! ¡Tienes voluntad! ¡Lo conseguirás!

Pensar por etapas

Al tomar la salida, un buen corredor de maratón no piensa en los cuarenta y dos kilómetros que tiene por delante, sino que divide el recorrido en etapas: el lograr recorrer una etapa en el tiempo previsto le proporciona nuevas energías para la siguiente. Por lo tanto, cuando tú tomes la salida no mires demasiado lejos. No pienses en los próximos días; podrías desanimarte. Fracciona tu tiempo. Cuanto mayor sea el deseo de fumar y más duro el síndrome de abstinencia, más cortas deberán ser las etapas. Disfruta de los pequeños éxitos parciales. Se trata de estar sin fumar hasta mediodía, y después hasta la noche. Y no te olvides de esto: el día de mañana no será tan duro como el de hoy.

Ilusión en vez de frustración

Claro que lo has planificado todo muy bien. Pero a pesar de esto has de ser un poco flexible. No todo va a suceder según tus previsiones. Basta que un día llueva para que tengas que cambiar de planes. ¿A lo mejor habías previsto una excursión en bicicleta con picnic incluido y ahora llueve? Muéstrate creativo y adáptate a las circunstancias. Practicar en la bicicleta estática mientras oyes tu música favorita también puede ayudarte a apartar el tabaco de tu cabeza. Empeñarse en seguir los planes a toda costa no sirve más que para provocar estrés, y éste estimula otra vez la ansiedad por fumar.

Estructurar el día

En cuanto te levantes, da ya una primera muestra de tu decisión. Abre todas las ventanas. Ventila toda la casa: a partir de hoy se acabaron los humos. ¡Aquí queremos aire fresco y limpio! Repasa tus anotaciones, recuerda bien todos tus planes. ¿Qué tal te sientes hoy? ¿Qué vas a hacer?

Disfruta de la mañana

Lo primero que has de hacer es empezar bien el día. Date una ducha o toma un baño relajante. Dispón de todo el tiempo que necesites, ponte algo con lo que te sientas especialmente cómodo y atractivo.

Hoy, y a lo largo de las próximas semanas, vas a disfrutar de un desayuno como esos que sirven en los hoteles de cuatro estrellas a los que vas durante las vacaciones. Compra panecillos recién salidos del horno, prepara bien la mesa y

VIVIR AQUÍ Y AHORA

«Carpe diem», decían los romanos, lo que significa literalmente «saca provecho del día». Con esto querían decir: «Vive el día y disfruta de cada momento. No pienses en mañana ni en los días venideros». ¡Y éste ha de ser ahora tu lema!

SUGERENCIA

Aprovecha para ir a nadar: no sólo te distraerá, sino que es muy relajante.

dad, ve a la biblioteca, visita una exposición, queda con algún amigo o amiga, acude a tu gimnasio. Es el momento de hacer todo aquello que te guste, que te distraiga y que no te provoque las ganas de fumar.

Después del mediodía

¡Vaya!, la mañana no ha estado tan mal. A los más afortunados es probable que no les haya supuesto ningún problema. A la mayoría seguro que les habrá ido mejor de lo que esperabas. Y los menos afortunados ya habrán notado los desagradables efectos del síndrome de abstinencia. Pero todos ellos se han ganado un buen almuerzo. Y sería una buena idea que te preparases tú mismo la comida que más te apetece. Ir a un restaurante podría ser un estímulo para volver a fumar.

Pero el momento decisivo es el de la sobremesa. No acabarás la comida como de costumbre, es decir, encendiendo un cigarrillo. El cigarrillo de «después» lo sustituirás por un relajante paseo al aire libre. Mantente activo, distráete. Y si te sientes cansado y somnoliento, duerme una siesta.

Dificultades nocturnas

Está anocheciendo. Ya has superado dos etapas y has conseguido dominar

pon en ella todo lo que te apetezca. Y que no falte la fruta fresca. Del cigarrillo de la mañana, que antes te era totalmente imprescindible, ya aprendiste a prescindir anteriormente, por lo tanto, no supone ningún problema. Y disfrutarás del té y del café sin tener que acompañarlos con ese humo azulado. Concéntrate en lo que haces. Saborea a fondo el panecillo con queso o mermelada concentrándote en lo que haces. ¡Fíjate cuánto mejora su sabor sin fumar!

Después del desayuno hay que empezar a desviar la atención hacia otras cosas. Sal a dar una vuelta por la ciu-

con éxito los deseos de fumar. Ahora vienen los momentos más peligrosos: entre las nueve y las once, entre la cena y ver la película de la tele. Son horas de paz y de relajamiento después de todas las actividades y preocupaciones de la jornada. Ahora es muy importante que te distraigas con algo, ya que tu nivel de nicotina está llegando a cero. La adicción se manifestará con más fuerza y con mayor frecuencia. Recuerda que solamente tendrás que afrontarla hasta que te vayas a dormir. Procura evitar todas aquellas situaciones que podrían inducirte a fumar. ¡A la mañana siguiente te sentirás victorioso!

Sustituir rituales

A veces, al dejar de fumar, los fumadores no saben qué hacer con sus manos. Abrir la cajetilla, sacar el cigarrillo, encenderlo, todo esto son pequeños actos relacionados con el fumar y que también se han grabado en la memoria de la adicción.

Al cabo de poco tiempo, estos rituales son tan importantes para el fumador adic-

---

RELAJARSE CON DESCANSO Y ACTIVIDAD

La dulce inactividad puede ser tranquilizante y relajante, hasta cierto punto. Si se prolonga demasiado tiempo, la sensación de bienestar puede convertirse en aburrimiento. Y éste supone un gran peligro para el que intenta dejar de fumar. Por otra parte, la actividad aumenta la energía vital. Pero los excesos conducen al estrés crónico, que también es un grave escollo para lo que te has propuesto hacer. El cuerpo y la mente necesitan un poco de todo: actividad y reposo contra aburrimiento y estrés.

DISTINTAS NECESIDADES

Nuestras necesidades y nuestros deseos dependen en gran parte de lo que hayamos aprendido de niños y de lo que hayamos vivido en el seno de nuestra familia. Algunas personas encuentran relajante poder trabajar en paz y se estresan si se ven obligadas a descansar y no hacer nada. Y así lo atestiguan los psicólogos. Por lo tanto: el trabajo no siempre es sinónimo de estrés, y el tiempo libre no siempre significa relajación y descanso.

Si tú eres una de esas personas que necesitan estar activas, entonces haz algo. Haz caso a tu instinto y no atiendas a los que te dicen: «¡Pero descansa y relájate de una vez!» Pero si lo que necesitas es descansar, entonces relájate y concédete un descanso que quizá te hayas estado negando durante mucho tiempo.

NOTA

to como la nicotina. Los investigadores se han quedado atónitos al comprobar que a los fumadores de estas características es posible calmarles el deseo incluso con un cigarrillo sin nicotina.

Parece difícil poder sustituir los rituales relacionados con el uso del tabaco, pero existen alternativas contra el síndrome de abstinencia cuya eficacia es más elevada de lo que podríamos imaginar.

Desviación dirigida

Te encuentras en una situación en la que normalmente habrías fumado, por ejemplo hablando por teléfono o esperando a una amiga en el restaurante, o simplemente te das cuenta de que tus manos están buscando instintivamente un cigarrillo. En ese momento deberás hacer algo

de modo totalmente consciente, existen muchas posibilidades.

He aquí algunas:

❯ Busca un pequeño objeto que puedas tener en la mano y jugar con él, como un pequeño rosario o un amuleto de la suerte (los venden en las tiendas de piedras semipreciosas).

❯ Deja una libreta y un lápiz junto al teléfono. Así, cuando estés hablando podrás hacer dibujitos en vez de encender un cigarrillo.

❯ Cuando hayas quedado con alguien en un local, lleva una revista o un periódico para entretenerte leyendo mientras esperas.

Mantener ocupado el sentido del gusto

Al dejar de fumar, la boca necesita entretenerse con algo. Pero las maniobras de distracción que ahora elijas no deberán fomentar tus temores ante un posible aumento de peso:

❯ Métete algunas pipas de girasol en el bolsillo, pélalas y cómetelas cuando lo necesites.

❯ Compra chicles sin azúcar.

❯ Consume caramelos sin azúcar o pastillas de hierbas.

❯ Come trocitos de zanahoria, de manzana, de pepino o de pimiento.

❯ Ten infusiones, agua o zumos de frutas bajos en calorías siempre a tu alcance.

❯ También te puede ser útil lavarte los dientes varias veces al día.

COMBATIR EL SÍNDROME DE ABSTINENCIA

En cuanto se manifiesten los efectos del síndrome de abstinencia, acuérdate de que éstos suelen durar menos de diez minutos. Concéntrate a fondo en las técnicas para afrontarlos:

❯ Vuelve a equilibrar tu monólogo.

❯ Recurre a la regla A-D-E: apartar, derivar, esperar.

❯ Respira profundamente varias veces y realiza el ejercicio respiratorio de la página 88.

Después de 20 días, libre para siempre

¡Conseguido! Qué maravillosa sensación al despertar. ¡No ha ganado el cigarrillo sino tu constancia y tu voluntad!

Para algunas personas, el día de dejar de fumar transcurre tan fácilmente que no saben por qué tenían tanto miedo. Otros han tenido pequeños problemas pero han sabido controlarlos fácilmente. Y para algunos habrá sido un día muy duro ya que no hacían otra cosa que pensar en el tabaco. Pero todos ellos: ¡lo han conseguido! La mayoría de los ex fumadores experimentaron esta sensación de felicidad la primera mañana, independientemente de cómo transcurriese el día anterior.

Mirar hacia adelante

A partir de hoy ya estás más sano: tu sangre se ha liberado de ese gas tóxico que es el monóxido de carbono y por tus arterias vuelve a fluir un oxígeno vitalizante. Todos los capilares de tu cuerpo empiezan a relajarse. Tu cerebro hace mucho tiempo que no recibía tanto oxígeno.

Ahora puedes trasladar tu éxito a la vida cotidiana, a tu trabajo, al tiempo libre... Pero durante los próximos 20 días has de mantenerte alerta. Sigue pensando por etapas. Al principio hasta mediodía. Cuando éste ya haya pasado, faltará poco para que acabe la jornada laboral y puedas dedicarte a tus ocupaciones favoritas. Pero la vida cotidiana también encierra algunas trampas, momentos en los que no es fácil mantenerse firme.

El factor estrés

En el estrés es donde el cigarrillo actúa con más fuerza: «Ahora me fumo un cigarrillo y me sentiré mucho mejor». Esta sensación no sólo la conocen los fumadores, sino también los ex fumadores. Y, aunque creas que ya has dejado de fumar para siempre, la sensación seguirá estando ahí. Es cierto que el adicto a la nicotina nota que el tabaco le ayuda a superar los momentos de estrés y de tensión. Para él, fumar es casi una necesidad biológica. Pero al fumar en situaciones de estrés lo único que hace es elevar su nivel de tolerancia hasta un punto que ya es habitual en los no fumadores.

Dejar de fumar produce estrés

Aquí se produce una situación complicada: el que deja de fumar es más propenso al estrés que el no fumador. La dependencia física y psíquica hacen que el afectado tenga una mala base de partida: está en un estado de ánimo irritable, se siente nervioso e inquieto. Si se siente presionado le fallarán las fuerzas. Generalmente, lo que le produce estrés no es la cantidad de trabajo sino la falta de tiempo. El angustiado, lo primero que se dice por la mañana es: «¿Lo conseguiré hoy? También tengo que hacer todo esto, ojalá no me olvide de nada». Pensar en todo esto es angustiante, y el cuerpo reacciona ante ello. Se dispara la alarma en los órganos internos, los músculos se tensan, aumenta el pulso y la tensión. Y ahora, si algo sale mal o los otros no se comportan como debieran, no es raro que los nervios estallen. Los movimientos son nerviosos, la respiración corta y la sangre sube a la cabeza. Máximo estado de alarma para la temible recaída.

NOTA

¿QUÉ ES EL ESTRÉS?

Según los psicólogos, el estrés es angustia o miedo. Y se debe a
> no ser capaz de alcanzar la meta que uno mismo se ha propuesto,
> no disponer de suficiente tiempo,
> no estar a la altura del trabajo o las obligaciones,
> no poder corresponder a las esperanzas de otros.

Ganar tiempo, aliviar los nervios

Si el dejar la nicotina te produce estrés, haz que en tu vida cotidiana haya más relajación. Para evitar que la tensión nerviosa te haga volver a la adicción

> por la noche, prepárate ya para el día siguiente y planifica las cosas con tiempo,
> por la mañana, levántate un poco antes,
> sitúa tu meta un poco más cerca,
> prevé más tiempo para determinados trabajos, y tómatelo,
> baja el listón en lo que se refiere a tus exigencias respecto a los demás y a ti mismo,
> acostúmbrate a decir «no» con más frecuencia,
> emplea tu tiempo libre para relajarte.

¿Qué hacer en caso de estrés agudo?

La mayoría de las personas sobrevaloran su capacidad de aguante o creen que el estrés es un mal necesario. Pero en esta fase de la abstinencia eres espe-

> Aunque dispongas de poco tiempo, relajarte siempre te sentará muy bien.

cialmente sensible y tienes que ser muy cuidadoso y prudente con lo que haces. Pero hay muchas cosas en la vida que son inevitables: reuniones de trabajo, entrevistas con los clientes, proyectos que se van a paseo, un hijo que se pone enfermo, estás a punto de hacer una mudanza, las obras de la casa van más lentas de lo previsto, etc. Solamente un soñador o un inconsciente se podría quedar tan ancho. Cuando te veas acosado por el estrés y el miedo y te parezca inevitable encender un cigarrillo, haz lo siguiente:

❯ Interrumpe por unos momentos lo que estés haciendo.

❯ Plantéate lo siguiente: «En el peor de los casos, ¿qué pasaría si por una vez dejase algunos asuntos sin resolver o no correspondiese a la confianza que otras personas han depositado en mí?»

❯ Haz una nueva lista con qué cosas puedes solucionar, y cuándo.

❯ Relaja tu cuerpo, levántate, desperézate, efectúa algunos estiramientos y respira profundamente.

❯ Piensa esto: fumando no vas a solucionar tus problemas. Además del estrés con el que ya tiene que luchar tu cuerpo, vas a añadirle las 4.000 toxinas del cigarrillo. ¡Y esto hará que aumente aun más tu propensión a estresarte!

La fuerza de la costumbre

A lo largo de su vida, el fumador ha empleado el cigarrillo más de mil veces para sortear los problemas y aliviar su

---

¿VOLVER A FUMAR?

NOTA

Muchos fumadores se consuelan pensando que no han abandonado el tabaco para siempre. Cuando hayan dejado de fumar podrán encender un cigarrillo de vez en cuando, saborearlo para recordar cómo era y despedirse del hábito para siempre.

¿Se puede volver a fumar ocasionalmente cuando ya se sea un ex fumador consolidado? La respuesta es muy clara: ¡No! Y el motivo está todavía más claro. La adicción jamás llega a borrarse por completo del cerebro del fumador. Los miles de cigarrillos y los lugares y situaciones asociados con ellos quedan grabados para siempre. El ex fumador lo que ha hecho es desactivar su programa de adicción y sustituirlo por otro. Pero cada nuevo cigarrillo puede volver a activar la adicción. Y no vale la pena que corras este riesgo. Un cigarrillo es demasiado, y mil nunca son suficientes. Ésta es la principal característica de la adicción: siempre se quiere más y nunca se alcanza la saciedad. Olvídate del cigarrillo como de un amor del pasado, para el que no existe vuelta atrás y al que tampoco deseas regresar. La vida sigue: ¡por suerte!

estado de tensión. Por lo tanto, no debe sorprenderte si en caso de apuro tu primer impulso es el de encender un cigarrillo. Cuanto mayor sea la frecuencia con la que aparezca esta necesidad al dejar de fumar, menos la notarás en el futuro.

Moral baja y aburrimiento

Pero el estrés no es el único factor de riesgo para la recaída. Los asuntos domésticos van mal, no hay forma de localizar a un amigo, te has levantado con el pie izquierdo, la cuenta del banco está en números rojos. Hay momentos del día en que todo parece ir mal y puede hacer que nos hundamos. Todos tenemos algunos bajones, pero los fumadores intentan superarlos elevándose la moral con su cigarrillo. Y también suelen recurrir a él en los momentos de máximo aburrimiento. Uno no sabe lo que ha de hacer y, sin darse cuenta, ya ha encendido otro cigarrillo. Los bajones y el aburrimiento hacen que sea muy fácil volver a caer en la adicción. Date cuenta de que tu vida cotidiana sigue siendo la misma que antes, sólo que ahora te falta el tabaco. No lo consideres como un problema sino como una oportunidad para cambiar un poco tu vida:

> Procura dormir lo suficiente, esto hará sentirte más equilibrado.
> Cuando te sientas hundido, acostúm-

brate a cambiar de actividad y a distraerte.
> No dejes que aparezca el aburrimiento: haz algo. Lee un libro, busca alguna nueva afición, pinta, aprende música.
> Mantente activo, ve a nadar, a correr, en bicicleta.
> Evita entrar en conflictos.
> Anímate mentalmente diciéndote: «Voy a permitirme ser tal como soy».

Peligros inevitables

No siempre nos es posible organizar la jornada de modo que nos apartemos de todas aquellas situaciones que nos supongan un peligro de recaída. Y no siempre podemos interrumpir de repente la rutina de la vida cotidiana. Nos vemos limitados por nuestro trabajo y por nuestros compromisos sociales. Y tampoco podemos evitar siempre el estrés, los problemas y los conflictos. Hay momentos de los que nos podemos escapar, como por ejemplo una reunión profesional o una conversación privada. Pero si te has preparado para ello también lograrás superar estas situaciones.

En el trabajo

¿Has de participar en una reunión o has de tratar un nuevo proyecto con otra gente? Aprovecha cualquier pequeña ocasión que se presente:

> Bebe siempre algo entre horas.
> Levántate de vez en cuando para abrir o cerrar la ventana.
> Ve al lavado y colócate un paño húmedo y frío sobre la frente, o haz algunos estiramientos.
> Si has de ir a otro piso, emplea las escaleras en vez del ascensor.

Problemas familiares

Los problemas familiares o de pareja son los que plantean un mayor riesgo de recaída. Esos momentos hacen que los esfuerzos por dejar de fumar rápidamente parezcan inútiles o carentes de sentido. En esos momentos, lo mejor es plantearse la situación así: «Controlaré mejor la situación si me mantengo firme», o bien, «No necesito fumar para volver a sentirme relajado y de buen humor».

En casa

El trabajo, la casa, los niños, todo junto es muy estresante. Si además surgen problemas imprevistos, como por ejemplo que un niño se ponga enfermo, entonces toda planificación salta por los aires por muy bien preparada que esté. Sin embargo, en estos casos, y muy especialmente en éstos, tienes que hacer todo lo posible por poder relajarte de vez en cuando.

> Prepárate una bebida agradable o haz algo que te apetezca mucho, pero que no sea lo que antes hacías mientras fumabas.
> Haz unos minutos de gimnasia, o unos estiramientos, o entrenamiento autógeno.
> Cambia algunos elementos de tu casa, preferiblemente aquellos que te puedan recordar tus épocas de fumador.
> Llama a tu mejor amigo o amiga y cuéntale que hoy tienes un día muy duro. Te relajará.

En sociedad

Es preferible que no vayas a fiestas o reuniones sociales mientras no te sientas completamente seguro. Pero si no puedes cambiar los planes, recuerda que ahí se va a intensificar el riesgo de recaída. Especialmente si entra el juego el alcohol, y aún más si hay muchos fumadores.

> Evita el alcohol, o consúmelo con moderación.
> Si te entran ganas de fumar, sal un rato del local.
> Procura estar con personas que no fumen.

Situaciones especiales

Para un ex fumador «reciente» pueden ser peligrosos aquellos momentos en los que debe estudiar mucho, como por ejemplo cuando está preparando un examen. Si te asalta constantemente la idea de que sin fumar no vas a poder concentrarte, es necesario que hagas una pausa. Sal al exterior para respirar aire puro, búscate un refresco, navega un rato por Internet o dedica un rato a tu afición favorita. No temas estar perdiendo el tiempo. Tus colegas que fuman perderán el mismo tiempo con sus cigarrillos…

La (re)caída

Ahora ya vas por el buen camino para conseguir alcanzar tu meta. Has invertido mucho en ello y te has mantenido frío e impasible a pesar de que algunos momentos han sido realmente duros. Pero, ¿qué pasaría si dieses un resbalón? ¿Si la necesidad se hizo demasiado fuerte y necesitaste recurrir a tu «tranquilizante»? A lo mejor pensarás que: «¡Horror! ¡He recaído!» o quizá: «¡Ya me da todo igual!» Pero también puedes darle la vuelta a la situación. Lo sucedido no es ninguna catástrofe a menos que tu lo conviertas en una. ¡La debilidad es humana, y eso le puede pasar a cualquiera! Nadie está a salvo.

Análisis de la situación

En caso de recaída, haz lo mismo que si sufres un accidente de coche: al principio te asustas. ¿Qué ha pasado? Que no cunda el pánico, hay que mantener la calma. Empieza por analizar los daños que ha sufrido el coche. ¿La situación es realmente grave? Luego analizas las causas.

¿Qué es lo que he hecho mal? ¿Ha sido un despiste, o una imprudencia? ¿Han intervenido factores externos? Una vez se haya aclarado la situación, te dirás: «Tengo que seguir adelante. Quiero llegar a mi destino, la próxima vez iré con más cuidado». Lo mismo harás si has vuelto a fumar. Y no te preocupes más, ¡no te vuelvas «esclavo de tus remordimientos»!

Buscar un sustitutivo

En una determinada zona del cerebro encontramos lo que se conoce como

---

PRIMEROS AUXILIOS EN CASO DE RECAÍDA

> Haz desaparecer los cigarrillos inmediatamente.

> Guarda todos los utensilios relacionados con el fumar.

> Abandona inmediatamente el lugar en que te ha vencido la adicción (lugar de la recaída).

> Emplea la regla A-D-E.

> Procura estabilizarte mediante un monólogo.

> Haz que las sensaciones negativas desaparezcan lo antes posible. Intenta emplear las técnicas mentales, como por ejemplo la imaginación, para adoptar una actitud positiva.

¡IMPORTANTE!

HAS VUELTO A FUMAR: ¿QUÉ HACER?

¿Has sido débil, has tirado por la borda todos tus buenos propósitos y has vuelto a encender un cigarrillo? Considera tu recaída sólo como un incidente en tu camino hacia dejar de fumar. No le des demasiada importancia, ni demasiado poca. No te asustes ni te martirices con sentimientos de culpabilidad, pero tampoco te resignes ni te desesperes. Se trata de mantener la mente fría. Además, no eres el único: muchos ex fumadores han pasado por numerosas recaídas antes de dejar de fumar para siempre.

No es este cigarrillo el que marcará tu recaída, sino el próximo que enciendas. Pero no hay que llegar tan lejos. Con estos pasos lograrás darle la vuelta a la situación y poner las cosas a tu favor.

1. ANÁLISIS DE DAÑOS
Practica la autocrítica y plantéate sinceramente las siguientes preguntas:
> ¿Cuándo y dónde he vuelto a fumar?
> ¿Cómo ha surgido esta situación?
> ¿Por qué he sido débil?

2. CAMBIO DE IDEAS
Has de tener muy claro que tú:
> has invertido mucho tiempo y muchos esfuerzos,
> ya habías prescindido de muchos cigarrillos,
> ya habías demostrado tu determinación,
> y que todo esto no lo puedes haber hecho en balde.

3. TOMAR MEDIDAS DE PRECAUCIÓN
Lo que hagas a partir de ahora será decisivo:
> No dejes que haya más cigarrillos a tu alcance.
> Rompe con la rutina que ha resultado ser peligrosa para ti.
> Evita aquellas situaciones que pueden inducirte a fumar.
> No vuelvas a sentirte confiado antes de hora.

«centro de recompensa». Algunos investigadores también lo llaman «productor de felicidad». Este centro se encarga de relacionar la bebida, la comida y el sexo con sensaciones agradables y satisfactorias. Y ahí es donde la nicotina actúa con todas sus fuerzas, ya que provoca la secreción de dopamina. Pero hay otras cosas que también ponen en marcha a este «productor de felicidad»: cada día recurrimos al chocolate, a la «cervecita» o a la pizza para elevar nuestro estado de ánimo. Nos sentimos felices con nuestro nuevo ligue, al oír nuestra canción favorita o al ir al cine a ver una buena película. Como fumador, en el pasado también habías recurrido al tabaco para gratificarte. Pero ahora ya se acabó esa gratificación química. Se cerró el grifo. Los ex fumadores que no están bien preparados suelen buscar una satisfacción sustitutiva en la buena mesa, lo cual les hace engordar. Y esto es algo que tú quieres evitar. Pero en los primeros tiempos sin tabaco el centro de recompensa va a querer seguir manteniéndose ocupado. ¿Qué se puede hacer?

Buscar nuevas fuentes

Gratifícate cuando logres superar una situación difícil. Prepara algo agradable para los próximos días, haz algo especial. Procura que se te ocurran cosas nuevas, con un poco de imaginación podrás poner algunas notas de color en

Ir juntos al cine es muy gratificante para la mente y ayuda a distraerse.

tu vida cotidiana. Hay cosas que se pueden incorporar fácilmente a la jornada normal. Otras exigen más tiempo y más esfuerzos, son caras y requieren una buena planificación.

Éstas son algunas de nuestras sugerencias:

> Ve al cine o quédate en casa a ver un buen vídeo.
> Cómprate un buen disco, un libro de bolsillo o alguna revista interesante.
> Hazte un pequeño regalo.
> Ve a que te hagan un buen masaje o un tratamiento de belleza.
> Ve a la peluquería.

> Disfruta tranquilamente de tu música favorita.
> Consigue algo nuevo para tu hobby.
> Duerme una hora más de lo habitual.
> Invita a tu pareja a un buen restaurante.
> Cómprate alguna ropa nueva.
> Decora la casa.
> Prepara una salida de fin de semana.

Seguro que tienes tus propios gustos y tus propias tendencias. Es igual lo que hagas, pero haz algo. No sólo te estarás gratificando a ti mismo, sino que te pro-

tegerás ante otras situaciones de riesgo.

Repítete: «¡Lo has hecho bien!» Date unos golpecitos en la espalda. También esto es un tipo de gratificación que casi nunca practicamos.

Conservar la línea

Muchos fumadores que deciden dejar de fumar están convencidos de que van a engordar sin remedio. Por supuesto, el que deja de fumar y no va con cuidado es muy probable que en las próximas semanas aumente un par de kilos. Y es que, hasta ahora, la nicotina había mantenido el apetito a raya y había frenado el hambre. El fumador se «fuma» las comidas, especialmente cuando dispone de poco tiempo. En los viajes largos, el paquete de cigarrillos sustituía al bocadillo. Además, la nicotina estimulaba el metabolismo haciendo aumentar el consumo energético básico (la cantidad de calorías que consume el organismo cuando está en reposo). Es como el ralentí del coche. Si apretamos el acelerador con el coche parado, aumentará el consumo de gasolina. La nicotina «sube el ralentí» del organismo. A lo largo del día, el fumador consume unas 200 kcal más que el no fumador.

Reemplazar la satisfacción

Comer y beber tienen algo en común con la nicotina: activan la producción de dopamina en el centro de recompensa del cerebro. Pero al prescindir de la nicotina el centro de recompensa intenta mantenerse en funcionamiento. Y para conseguir que se produzca dopamina (que es un neurotransmisor que actúa como «hormona de la felicidad») recurre a la comida y la bebida, especialmente a las combinaciones de azúcar y grasa. Cuando falta el flujo de dopamina inducido por la nicotina, aparecen el chocolate, las patatas chips y los cacahuetes como drogas sustitutivas, pero con un inconveniente: permanecen poco rato en la boca y muchos años en las caderas. Se ha comprobado que los que acaban de dejar de fumar consumen diariamente unas 300 kcal más que cuando fumaban. Si a esto le sumamos el consumo energético que provoca la nicotina, tendremos lo siguiente: 200 kcal por falta de nicotina y 300 kcal por comer y beber de más. Esto son 500 kcal diarias y 3.500 kcal a la semana.

Contramedidas

Los que no sepan cómo funciona este mecanismo se sorprenderán al comprobar que al inicio de su vida de exfumadores aumentan de peso a razón de casi medio kilo a la semana. Pero si se conocen los peligros es posible evitarlos. Dejar de fumar no tiene por qué hacer engordar. Si tomas las siguientes contramedidas podrás seguir siendo tal y como eres:

Cuando alguien está dejando de fumar, el contenido de la nevera nunca está a salvo.

> Sigue una dieta equilibrada. Ante todo es muy importante que te asegures de no ingerir más calorías que antes. Así evitarás ese aporte suplementario de 300 kcal para reemplazar la gratificación del tabaco.

> Haz ejercicio para aumentar tu consumo energético en unas 200 kcal (mira el recuadro de la página anterior).

> Disfruta de vez en cuando de las cosas que más te gusten, pero procura ahorrar en lo que más fácil te sea.

Pero si solamente piensas en tu figura y eliminas de tu dieta todo lo que te gusta sin dejar de pensar en la comida, te pasarás la vida con hambre. Y los expertos en nutrición nos lo confirman: ¡nada de prohibiciones, nada de pasar hambre, nada de dietas monótonas! Con las prohibiciones sucede como con las cerezas del jardín del vecino: deseamos lo que no tenemos.

Preocuparse constantemente por la comida no hace más que provocar hambre y apetencias incontroladas. En vez de esto, lo que has de hacer es ilusionarte con un cambio positivo: no has de comer menos, sino mejor, y verás lo bien que te sienta una alimentación fresca, variada y baja en grasas. La alimentación sana y el ejercicio harán que te sientas como nuevo.

Factor alimentación

A partir de ahora deberías incluir mucha fruta en tu menú diario.

El cuerpo necesita cada día aproximadamente un kilo de alimento sólido, de lo contrario tenemos hambre y no nos sentimos bien. Si sabes cómo distribuir bien este kilo, tu estómago estará satisfecho y notarás una sensación de bienestar.

Y hay que empezar por el momento de ir a la compra. Durante tus primeras semanas de ex fumador es muy importante que al ir a comprar no vayas con hambre, sino con cabeza. Si estás hambriento, comprarás alimentos superfluos con un elevado contenido en grasas y azúcares. Una nevera demasiado llena siempre provoca deseos innecesarios. Antes de salir de casa, haz una lista de la compra. La alimentación sana y variada es un verdadero placer culinario.

Cereales y patatas

Los cereales, el pan y las patatas constituyen la base de nuestra alimentación. Son ricos en carbohidratos, que son la principal fuente de energía de nuestro organismo. Estos alimentos tan energéticos son, por ejemplo, el pan integral, *müsli*, arroz integral o pasta de harina integral. Lo bueno de los cereales y las patatas: llenan y dilatan el estómago proporcionando una agradable sensación de saciedad. Los carbohidratos fluyen lentamente a la sangre y proporcionan energía durante horas. El cuerpo puede acumular esta energía en forma de grasa, pero solamente lo hará si el aporte es excesivo. Y es imposible comer tanta cantidad de arroz, pasta o *müsli*.

Pero también existen carbohidratos «malos». Entre ellos se encuentra el pan blanco, los dulces, la repostería y todos aquellos productos elaborados con harina refinada y azúcar blanco. Este tipo de alimentos contienen lo que conocemos como «carbohidratos rápidos». Son carbohidratos que pasan a la sangre de modo casi instantáneo, por lo que en vez de calmar el apetito lo aumentan. Y el organismo no puede quemar semejante aporte energético. Consecuencia: aumenta la producción de insulina, y ésta ayuda a transformar en grasas la energía sobrante de los carbohidratos.

Fruta, ensalada y verduras

Es conveniente que comas fruta, ensalada y verduras en abundancia, incluso para picar entre horas. Son ricas en vitaminas, minerales y sustancias vegetales que intervienen en los numerosos pequeños procesos biológicos que mantienen nuestro organismo en marcha. También te protegerán de muchas enfermedades, incluido el cáncer, y harán que aumente tu vitalidad.

Leche, carne, pescado y soja

La leche, los productos lácteos, la carne, el pescado y la soja nos proporcionan el aporte de proteínas que necesita nuestro organismo. Al igual que sucede con los carbohidratos, las proteínas también sacian el apetito antes de hacer engordar. Por lo tanto, un bistec con ensalada y arroz integral es un plato perfecto.

La carne también nos proporciona hierro y vitaminas del complejo B. Deberías consumir unos 500 gramos a la semana. El pescado es rico en yodo y ácidos grasos Omega-3. La leche y el queso bajo en grasas son una buena fuente

de calcio. Si eres vegetariano, la soja es una buena alternativa.

Cuidado: ¡grasas!

Nuestro comportamiento alimenticio es el mismo que el de los hombres primitivos: nos encanta la grasa, especialmente cuando tenemos hambre, ya que la grasa es el alimento con más energía por gramo. Pero también son los alimentos que más rápidamente producen grasa, ya que provocan un aporte energético excesivo y el organismo se ve obligado a transformarlo en reservas, es decir, en grasa. Sin embargo, es recomendable consumir –con moderación– ácidos grasos insaturados, como los de los aceites vegetales y los frutos secos, porque van bien para el corazón. Además, el organismo los necesita para poder asimilar las vitaminas liposolubles.

GRASAS SÍ, PERO DISFRUTÁNDOLAS

Las grasas apetecen principalmente cuando se lleva tiempo sin comer. Es entonces cuando se tienen ganas de consumir alimentos fritos o muy energéticos. Y también apetecen los dulces.
Pero es una lástima comerse un trozo de pastel solamente para calmar el apetito. Disfruta de él más tarde, como parte de una alimentación equilibrada.

SUGERENCIA

Por otra parte, es mejor prescindir en lo posible de los ácidos grasos saturados de origen animal.

Estas grasas innecesarias se ocultan, por ejemplo, en los embutidos, los quesos, las salsas y los alimentos preparados. Es decir, que ingerimos grasas ocultas de las cuales ni siquiera disfrutamos conscientemente. Fíjate bien en cuál es el contenido en grasas de los alimentos que consumes.

Los alimentos con poca grasa también tienen buen sabor

Los lípidos transportan y potencian los sabores, pero una mayor cantidad de grasas no implica necesariamente más sabor. Por lo tanto, ahorra grasas tanto al adquirir los alimentos como en su preparación. Y hazlo siempre allí donde no provoques un cambio de sabor demasiado acusado:

> Para freír emplea siempre aceite de oliva, pero solamente en la cantidad necesaria. Por ejemplo, no es necesario que los huevos fritos naden en aceite.
> La leche semidesnatada y el yogur bajo en grasas también tienen muy buen sabor.
> Recorta la grasa del jamón y los bordes de los bistecs.
> Para disfrutar de la carne no es necesario empanarla. En el rebozado se acumula mucha grasa.
> Cómprate un wok o una sartén especial para cocinar con poco aceite.

Por otro lado, es mejor realizar varias comidas poco copiosas a lo largo del día. Así no tendrás necesidad de picar entre horas para calmar el apetito. El hambre es el peor enemigo para adelgazar y para dejar de fumar. Veamos un par de sugerencias para hacerle frente:

> Come despacio. La sensación de saciedad tarda unos 20 minutos en producirse.
> En los primeros tiempos, evita las salsas picantes o con muchas especias. Estimulan el apetito y las ganas de fumar.
> Las comidas ideales para entre horas son aquellas en las que puedes picar durante un buen rato y que a la vez te mantienen las manos ocupadas, como trozos de manzana, zanahoria, colirrábano, pimiento o pepino.

Golosinas sí, pero con moderación

Los dulces no sólo contienen mucho

El chocolate es muy rico en grasas y azúcar, por lo que aporta muchas calorías. ¡Abstente!

azúcar, sino también muchas grasas. Su aporte energético es muy alto, por lo que aumenta el nivel de insulina en la sangre. Si los dulces no forman parte de una alimentación equilibrada, no tardarás en volver a tener hambre. Por lo tanto, no empieces a comer golosinas.

Beber mucho

Más de la mitad del cuerpo humano es agua. Cada día tenemos que «repostar» por lo menos dos litros de líquido, pero no bebidas muy azucaradas, ya que:

❯ El azúcar de los refrescos y los zumos de frutas endulzados aportan demasiada energía al organismo. El exceso se transforma en grasa.
❯ El azúcar hace aumentar el nivel de insulina en la sangre, con lo que aumenta el apetito.

Lo ideal para mantener el peso mientras se deja de fumar es beber infusiones sin azúcar, agua mineral o zumos de frutas diluidos con agua. Además, beber mucho hace disminuir el apetito.

Evitar el alcohol

El alcohol es líquido, pero supone un grave peligro para la línea ya que el organismo lo asimila inmediatamente y aporta tantas calorías por gramo como la grasa, es decir, es uno de los productos que más engordan.

¡Una cerveza tiene la misma cantidad de calorías que una tableta de chocolate!

Para mantener el peso basta con hacer media hora de gimnasia al día.

Para colmo, el alcohol prácticamente impide que el cuerpo queme las calorías de la grasa. Consúmelo con moderación.

Consumir más calorías

El ejercicio físico y los deportes son el medio ideal para conservar fácilmente la salud y mantener el cuerpo en forma. Además, el ejercicio elimina el estrés, hace sentirse alegre y eleva la moral. Te sentirás feliz cuando logres sacudirte la pereza y te dispongas a efectuar una sesión de «stepper», a correr un rato o a dar un relajante paseo.

En forma para el futuro

Es inevitable: sin que hagas nada especial, de repente notarás más aire en los pulmones. Esto es lo estupendo de dejar de fumar. Sin embargo, los primeros días no te sentirás tan bien. Dormirás peor por la noche y durante el día te sentirás cansado y te fatigarás con facilidad. El mejor consejo para estos casos: aprovecha que has recuperado tu respiración y haz ejercicio. El cuerpo te lo pide. Procura hacerlo al aire libre.

Es necesario hacer ejercicio

La naturaleza le ha proporcionado al hombre un aparato locomotor casi perfecto. Gracias a la combinación de sus músculos puede correr, bailar, trepar, nadar y levantar pesos. Ningún ser de la creación posee tantas aptitudes como el hombre. Nuestros antepasados estaban siempre activos y dependían de su fuerza muscular para sobrevivir, pero hoy las cosas han cambiado mucho. Si lo deseas te lo traen todo a casa, y el primer medio de locomoción es el coche. Este desarrollo nos ha aportado muchas ventajas y muchas facilidades, y nos ha aportado grandes comodidades ¡pero esto no siempre es bueno!

Además la naturaleza también se ha encargado de que el ejercicio físico nos resulte divertido. Tanto si se trata de ir en bicicleta, de arreglar el jardín o de jugar a tenis: el ejercicio físico es un maravilloso sustituto de la nicotina y produce muchos efectos positivos:

> El ejercicio hace que en el cerebro se segreguen endorfinas. Al igual que la dopamina, estos neurotransmisores proporcionan sensaciones agradables y combaten el mal humor. Todos los deportistas han sentido esta agradable sensación después de correr durante mucho rato o de haber alcanzado la cima de una montaña. Cuando fluyen estos neurotransmisores ya no apetece fumar, y el efecto puede durar horas.

> Se estabiliza el ritmo de sueño y vigilia, y esto hace que duermas mejor y más profundamente. Así durante el día estarás mejor preparado para afrontar cualquier manifestación del síndrome de abstinencia. También disminuye el riesgo de que te despiertes por la noche y empieces a pensar en fumar un cigarrillo.

> El deporte te permite acelerar tu metabolismo, que está frenado por la falta de nicotina.

> La sangre fluye con más fuerza por las venas, con lo que mejora el aporte de nutrientes y oxígeno a todos los tejidos y órganos. Y también se evita el endurecimiento prematuro de los vasos sanguíneos.

> Cuando el cuerpo está en acción también se mueve el intestino, lo cual es excelente para evitar el estreñimiento y la oclusión intestinal.

Ejercicio en la vida cotidiana

No es necesario que de repente te conviertas en un deportista de élite. Bastará con que incluyas algo más de ejercicio en tu vida cotidiana. Así aumentarán muchísimo las probabilidades de que tengas éxito en abandonar tu hábito para siempre. Al realizar un estudio se comprobó que el número de personas que lograban dejar de fumar con éxito era mucho mayor entre las que llevaban una vida activa que entre las que la llevaban sedentaria. Solamente tienen que lograr vencer la pereza inicial de los primeros 20 minutos, luego ya te sentirás mucho más a gusto con lo que estás haciendo. Empieza a pequeños pasos. Éstos son nuestros consejos para distintos casos.

> Sube por la escalera en vez de emplear el ascensor o la escalera mecánica.
> Durante el descanso en el trabajo, sal a pasear en vez de tomarte un café.
> Procura ir a hacer recados en bicicleta en vez de en coche.
> Por la mañana, haz 20 minutos de gimnasia al levantarte.

Naturalmente, también puedes hacer mucho más, como correr, mountain bike, patinar o nadar.

Adecuado para todos: walking

Existe un deporte que es tan apropiado para los deportistas avanzados como para el más perezoso de todos: es el «wal-

Ir en bicicleta es divertido, pone de buen humor y quema calorías.

king», caminar un poco más aprisa. Puedes practicarlo según el estado de ánimo en que te encuentres: tranquilo, lento, meditativo o a toda marcha.

El walking conjuga muchas ventajas. Te mueves casi sin esfuerzo realizando un ejercicio que es ideal para quemar grasas, y que se puede realizar en cualquier lugar y sin necesitar un equipo especial. Además, y esto es muy importante, muy pocos deportes son tan beneficiosos para las articulaciones. Todo lo que necesitas es un buen calzado y un pequeño empujón para animarte a empezar. Tampoco tienes que preocuparte por un entrenamiento complejo, al contrario que al correr, en el walking siempre hay un pie en contacto con el suelo. Lo que sí podemos darte son algunos consejos y sugerencias:

113

> Aprovecha los primeros diez minutos de walking como precalentamiento. Puedes hacerlo caminando a un ritmo más lento. Así permites que tu circulación sanguínea se ponga a tono. Tus articulaciones se volverán más flexibles, los músculos y tendones se estirarán y todo el aparato locomotor funcionará más suavemente. Así podrás caminar con más elasticidad y obtendrás un mejor rendimiento, lo cual te ayudará a disminuir el riesgo de lesiones o calambres.

> Después del calentamiento, acelera el paso pero sin dejar de ir «suelto».

La primera vez que practiques el walking te servirá para ver qué tal está tu forma física. Es probable que te lleves una sorpresa. El primer día es suficiente si después del calentamiento caminas durante 20 minutos más. Si pierdes el aliento un poco antes, no te preocupes. También puedes estar orgulloso de lo que has conseguido: ¡el primer paso ya está dado! A partir de ahora, fíjate cómo mejora tu rendimiento a medida que vas entrenando.

NOTA

ASÍ TE INICIARÁS BIEN EN EL WALKING

> **Para principiantes:**
Si hace tiempo que no practicas ningún deporte será mejor que al principio practiques solamente dos veces a la semana dedicando unos 15 a 30 minutos según tu forma física.
Al cabo de cuatro semanas ya practicarás el walking durante 30 a 45 minutos, y lo harás dos o tres veces a la semana. Vigila que tu pulso sea regular y que no se acelere demasiado.

> **Para deportistas:**
Tú tendrás que exigirte un poco más. A lo mejor prefieres establecer un plan de entrenamiento que prevea un cierto incremento. Un par de sugerencias:
El entrenamiento ideal consiste en practicar regularmente de tres a cuatro veces a la semana durante 45 a 60 minutos. Ésta es la conclusión a la que llegó un equipo de especialistas después de examinar a algunos deportistas que practican esta especialidad.
Si te apetece, puedes ir progresando lentamente hasta llegar a estos niveles.

> **Importante para todos:**
Deja siempre uno o dos días de descanso entre las sesiones de ejercicios. Es durante este tiempo de aparente inactividad cuando suceden los procesos más importantes para el cuerpo. Durante este tiempo se adapta a sus nuevas ocupaciones. Los músculos se desarrollan, todos los sistemas del organismo aprovechan el «tiempo libre» para adaptarse a los nuevos y agradables estímulos del walking.

Aprovéchate a fondo

El hecho de no fumar te proporciona una sensación vital completamente nueva, ya que ahora aprovechas muchos más aspectos de tu vida sin ese humo azulado. Y quizá más de lo que esperabas o de lo que habías imaginado hasta ahora.

Recuperación para el cuerpo

Antes no te interesabas por cuál era el efecto del tabaco en tu organismo, quizá porque preferías no saberlo. Cada vez que succionabas tu pequeña incineradora química aspirabas unas dosis de alquitrán acompañado de 4.000 sustancias tóxicas, 50 de las cuales son potencialmente cancerígenas. Fumando 20 cigarrillos diarios, al cabo de un año se acumula aproximadamente una taza de alquitrán en los pulmones y con cada aspiración inhalas la misma cantidad de monóxido de carbono que la que sale por el tubo de escape de un coche. El aire que espirabas superaba los niveles de toxicidad aceptables en cualquier lugar de trabajo. Ahora es cuando, literalmente, puedes respirar. El proceso de degradación ya ha terminado y ahora el organismo está emprendiendo las reparaciones.

Y donde esto más se nota es en las mucosas. Al cabo de dos días empiezan a recuperarse el gusto y el olfato, la comida y la bebida saben mucho mejor. Pero también se regeneran todos los demás te-

jidos y los órganos internos. El riesgo de desarrollar un cáncer o de sufrir un infarto disminuyen día a día. Tu esperanza de

MUCHO MEJOR

Puedes estar seguro. Está científicamente comprobado que las primeras mejorías empiezan a notarse muy poco tiempo después de apagar el último cigarrillo. Concretamente, a los...

❭ **20 minutos:**
Se normalizan la temperatura corporal y el ritmo cardiaco.

❭ **8 horas:**
El oxígeno sustituye al monóxido de carbono de la sangre.

❭ **24 horas:**
Disminuye el riesgo de infarto.

❭ **2 días:**
Se regeneran apreciablemente los sentidos del gusto y del olfato.

❭ **3 meses:**
El funcionamiento de los pulmones mejora en un 30 %.

❭ **9 meses:**
Desaparece la tos del fumador.

❭ **2 años:**
Disminuyen drásticamente el riesgo de infarto y de cáncer de pulmón.

❭ **10 años:**
El riesgo de cáncer de pulmón disminuye a la mitad.

❭ **15 años:**
El riesgo de sufrir un infarto es igual al de los no fumadores.

NOTA

vida aumenta en años y tu calidad de vida mejora mucho y seguirá haciéndolo en el futuro. Disminuye el riesgo de contraer enfermedades graves con la edad.

Cuando llegues a una edad avanzada podrás disfrutar mejor de tus aficiones y de los viajes. Si en el futuro te fijas bien en tu cuerpo e interpretas sus señales, te darás cuenta de lo bien que te ha sentado dejar de fumar. Tu estado de salud mejorará notablemente.

Un bálsamo para la mente

El no fumador disfruta del concierto, el fumador disfruta del intermedio. En el pasado, la necesidad de fumar te había privado de tantos buenos momentos. La libertad y la independencia que acabas de recuperar también le sentarán muy bien a tu mente. Finalmente...

> Se acabó la necesidad de conseguir cigarrillos y guardar una reserva.
> Se acabó el irse de vacaciones y tener que programarlas en función del tabaco.
> Se acabó el esperar ansiosamente una pausa para poder fumar.
> Se acabó el buscar una zona de fumadores o un rincón en el que pudieses fumar.
> Se acabó el miedo a las enfermedades.
> Se acabaron las discusiones por el hecho de fumar.
> Se acabaron los remordimientos y el sentimiento de culpabilidad.

> Es bueno conseguir el reconocimiento de los demás cuando se ha logrado dejar de fumar.

¿De qué es de lo que te sientes más liberado? Piensa frecuentemente en esto y disfruta plenamente de tu nueva vida sin nicotina.

Fortalecimiento de la personalidad

Ya conoces la situación: te han invitado a una fiesta o a una celebración pero en esa casa no se puede fumar. Al cabo de una hora, como mucho, los invitados se dividen en dos grupos. Los no fumadores observan a los fumadores que, llevados por la adicción, salen al balcón o al rellano de la escalera.

Ahora que ya has dejado de fumar seguro que tendrás la sensación de: «Estoy en el lado bueno. Ya no necesito salir».

Todos los que lo dejan son envidiados por los fumadores y apreciados por los ex fumadores y los no fumadores. Notarás su reconocimiento y su admiración en casa, en el trabajo, el club, con los amigos, etc., y esto reforzará tu amor propio. Puedes estar orgulloso de ti mismo y decirte:

> He realizado un gran esfuerzo.
> He hecho algo fundamental para mi salud y noto que mi cuerpo me lo agradece.
> Ahora ya puedo relajarme sin necesidad de tomar nada.
> Ya no molesto a nadie con el humo.
> Soy un buen ejemplo para mi pareja, para mis hijos y para mis colegas y amigos.
> He demostrado hasta dónde llega mi fuerza de voluntad.
> Ya no tengo remordimientos.

Ganar tiempo y dinero

Pero ahora no sólo vas a darte un respiro por motivos de salud. Te llevarás una agradable sorpresa cuando calcules el tiempo y el dinero que te vas a ahorrar y que podrás invertir en las cosas buenas de la vida.

Dinero quemado

En el pasado, el consumo de tabaco te ha costado un montón de dinero. Consumir una cajetilla al día supone un gasto anual de bastante más de mil euros; y no era un dinero que invirtieses en tu salud o en el futuro de los niños. ¡Al contrario! Se lo regalabas a la industria tabaquera y al estado. Con ese dinero te podrías haber pagado unas vacaciones de dos semanas, o podrías haberlo invertido en tus aficiones. Si hubieses seguido fumando, a lo largo de la vida te habrías fumado un Porsche, o incluso una casa en el campo si fueses un fumador empedernido –suponiendo que hubieses llegado a viejo, claro–. Pero todo está ya ha acabado y ha tenido un buen final. En la cartera tendrás más dinero que antes. El dinero ha aumentado por arte de magia, y tú eres el mago.

Un día al mes

Y al dejar de fumar también te darás cuenta de la cantidad de tiempo que has llegado a perder a causa del tabaco: buscar una máquina de venta automática, recorrer gasolineras y locales, buscar cambio, esperar en la cola del supermercado, buscar una zona de fumadores y, finalmente, fumar el cigarrillo y deshacerte de la colilla. Has invertido mucho tiempo de tu vida en ello.

Un fumador empedernido que consuma 50 cigarrillos diarios se pasa unas cuatro horas al día con el cigarrillo en la mano. Si fuma durante toda su vida, habrá malgastado dos años enteros. Y si enferma a causa del tabaco perderá de cinco a doce años más. Por suerte, tú ya has salido de esto. Imagínate la cantidad de horas y días que vas a ahorrarte el año que

Piel fresca y dientes bonitos, gracias a no fumar.

viene y la de cosas que podrás hacer en ese tiempo.

Disfruta de las ventajas

Vuelve a mirar hacia atrás. Seguramente, cuando querías dejar de fumar debieron pasarte muchas ideas por la cabeza. Tenías miedo de tener que prescindir de muchas cosas. A lo mejor tenías miedo de tener que enfrentarte a algunas cosas sin el cigarrillo, tu fiel compañero. Pero ahora ves el mundo de un modo muy distinto. Has retrocedido a los tiempos en que podías disfrutar de la vida sin necesidad de fumar. Has recuperado muchos aspectos de tu vida que el tabaco te había ido arrebatando sin que te dieses cuenta.

Consérvate joven

Vivir más y conservarse joven es uno de los sueños más antiguos de la humanidad. Al dejar de fumar has hecho algo para que se cumpla. Has prolongado tu vida en unos cuantos años y a la vez le das a tu cuerpo la oportunidad de conservarse joven.

Tu piel

En tu piel es donde más se notará que ya no fumas. Su aspecto no solamente mejorará en la cara, sino en todo el cuerpo. Desaparecerán esas venitas azules. El colágeno, que es el tejido de sostén de la piel y el que le proporciona la belleza juvenil, se conservará durante más tiempo. Al mejorar el riego sanguíneo y desaparecer las toxinas, la piel recuperará su tersura. Bebe mucho para ayudar a que se regenere. Así no se secará tan deprisa y se conservará lisa, las mucosas también mejorarán sus funciones.

Unos dientes hermosos

Los fumadores suelen tener los dientes amarillentos y son propensos a la periodontitis. Al dejar de fumar ya no irritarás inútilmente tus encías. Y la capa amarillenta de los dientes sencillamente desaparecerá: acude a tu dentista para que te elimine los restos del tabaco, actualmente hay métodos muy sencillos e indoloros.

Vasos sanguíneos sanos

Según los geriatras, la edad de la persona es la de su aparato circulatorio. Las arterias, que recorren todo el cuerpo como un árbol de la vida, son las encargadas de suministrar nutrientes y oxígeno a todos los órganos y tejidos del cuerpo. Y este suministro ya no se verá alterado por el humo del tabaco. Ya no habrá nicotina que pueda estrechar los capilares, ni monóxido que bloquee la absorción de oxígeno de la sangre. Ya no habrá agresivas toxinas que se fijen en las paredes internas de los vasos sanguíneos, que los irriten constantemente y que provoquen inflamaciones acompañadas de depósitos de grasas y minerales. Se acabó esa arteriosclerosis causada por el tabaco. Ahora las arterias estarán libres. Incluso desaparecerán los endurecimientos y obstrucciones que ya se hubiesen podido formar. Mejorará notablemente la irrigación del cerebro, del corazón, de los riñones y de la piel. Para ello solamente hace falta dejar de fumar, una alimentación sana y hacer el suficiente ejercicio.

Mejoría en las relaciones sexuales

A los hombres que fuman suele fallarles la potencia con mucha más frecuencia que a los que no fuman. El tabaco no sólo hace que disminuya la ilusión por el sexo, sino también la potencia sexual e incluso la fecundidad. Y a las mujeres fumadoras tampoco les va mucho mejor, ya que el tabaco hace disminuir el nivel de estrógenos. Es más frecuente que tengan inapetencia sexual, son menos fecundas y llegan antes a la menopausia. Sin el tabaco se disfruta mucho más de los estímulos sensoriales. La ilusión y la potencia van en aumento y la pareja se siente mucho mejor.

Eliminar los últimos vestigios de humo

Los sentidos del gusto y el olfato se recuperan en cuestión de pocos días, y esto es algo que tú, como ex fumador recién estrenado, vas a notar inmediatamente. De repente vas a oler algo que antes raramente habías podido oler o que ni siquiera habías percibido, y es el olor a humo de tabaco que se fija en la ropa del fumador, en su piel y en su cabello. Ahora te molesta mucho ese olor dulzón a humo frío que queda en las habitaciones en las que se fuma mucho, y al que antes eras totalmente insensible.

Limpieza: también por fuera

Tu cuerpo cada vez se limpiará más del tabaco. Ahora es el momento de poner en orden el entorno. Fuera con esa pátina de tabaco que todo lo invade, que te recuerda tu antigua dependencia y que quisiera volver a llevarte a ella. Elimina esa antigua carga para siempre.

He aquí algunas sugerencias:

> Lava a fondo las cortinas y los visillos.
> Somete tu casa a una limpieza a fondo.
> Haz que efectúen una limpieza especial en el interior de tu coche.
> Pinta las paredes que estén amarillentas.
> Lleva a la tintorería todas las prendas delicadas que estén impregnadas de olor a tabaco.
> Ventila bien toda la casa.

¡Se acabó el fumar! Ahora es el momento de eliminar para siempre el olor y la pátina que ha dejado el tabaco.

Fuera de mi vista...

Lo más probable es que el tabaco intente volver a entrar en tu vida a traición. Allá donde mires verás cosas que te recordarán tus épocas de fumador: basta ver el cenicero para que te entren ganas de fumar. Siempre verás algún cigarrillo en las mesas del restaurante, y las máquinas expendedoras no dejarán de recordarte tu antigua adicción... Si esto te afecta, no pongas las cosas más difíciles de la cuenta. Durante los primeros tiempos te serán útiles estos consejos:

> Elije restaurantes con zonas para no fumadores.
> Elije asientos para no fumadores cuando viajes en tren o en avión (si es que aún está permitido fumar en ellos).
> Sal con amigos que tampoco fumen.

Transmite tu secreto a los demás

El secreto de tu éxito ha sido, y es, conocerte a ti mismo y desarrollar las estrategias adecuadas. Ahora te toca transmitir lo que has aprendido, explicar a los demás cuál ha sido tu «equipaje» en este viaje hacia la meta de «¡Dejar de fumar para siempre!»

Esto no sólo reforzará tu autoconfianza, sino que te recordará siempre lo bien que te ha ido dejar de fumar.

PARA ACABAR: ¿NO ME PIERDO NADA?

Muchas personas han conseguido dejar de fumar con una rapidez sorprendente y ya han olvidado cómo fue el día en que lo dejaron. Algunas incluso no comprenden cómo pudieron empezar a fumar. Otras siguen atadas a su dependencia. Aprende a valorar los logros que has conseguido. ¿Recuerdas el test que hicimos al principio para evaluar tu grado de adicción? ¿Recuerdas aún el número de puntos que conseguiste? Ahora tienes la oportunidad de comprobar qué es lo que queda de aquella adicción.

> Durante los primeros 30 minutos después de levantarte, ¿todavía sientes la necesidad del cigarrillo de la mañana?

> ¿La idea de que no debes fumar más sigue siendo más fuerte que la ilusión de no tener que hacerlo?

> Cuando estás en lugares o situaciones en los que no podrías fumar, ¿sientes la necesidad de hacerlo?

> ¿Sigue siéndote difícil pasar muchas horas sin fumar?

> ¿Sigues teniendo ganas de encender un cigarrillo después de comer, o de beber bebidas alcohólicas?

> ¿Has dejado alguna «puerta trasera» abierta (por ejemplo: «Si engordo demasiado volveré a fumar»)?

> ¿Te asalta diariamente la idea de una posible recaída?

¿Te quedan aún algunos puntos en la cuenta de tu adicción? ¿Aún piensas a veces en tu cigarrillo favorito, o existen todavía algunas situaciones y actos que te hacen la vida un poco más difícil? Continúa con tus remedios caseros. Piensa sobre todo en la regla A-D-E: apartar, desviar, esperar. Y siéntete orgulloso de todo lo que has conseguido hasta ahora. Los últimos puntos de tu cuenta no tardarán en desaparecer. Cuanto más tiempo lleves sin fumar, menos deseos tendrás de hacerlo.

¿Tienes la cuenta a cero? ¿Ya no sientes nada? No es extraño. Fumar no es una necesidad natural como puedan serlo el comer y el beber, solamente es algo a lo que te has habituado con el tiempo. Ahora ya estás en una posición muy avanzada. Si ya tienes la sensación de que «No me pierdo nada», estupendo, pero si no es así, ten cuidado. La adicción podría volver a aparecer como el rayo.

RESUMEN
de lo más importante

Hay que planificar

Los estudios científicos confirman lo siguiente: para vencer la adicción y sus traiciones es necesario conocerlas bien. Conocer a fondo los efectos del tabaco en el organismo y emplear los métodos de los autores es decisivo para dejar de fumar. ¡Lo importante no es la fuerza de voluntad, sino la preparación!

SIMPLEMENTE DEJARLO

¡Determina tú mismo el día para dejar de fumar! Elige un día en el que tengas poco trabajo y pocas preocupaciones que puedan afectar a tu intento de dejar de fumar. Puede que se manifieste el síndrome de abstinencia, pero no dura más de diez minutos. Y estarás preparado para ello. Al cabo de cinco días ya se habrá roto el hechizo de la dependencia física y se habrán soltado las primeras ligaduras. Además: casi todos los ex fumadores dejaron de fumar de un día para otro.

TODAVÍA TE FALTAN 10 DÍAS PARA DEJAR DE FUMAR

Tómate diez días para prepararte. Dedica estos días a leer relajadamente sobre la nicotina: por qué esta droga crea adicción tan rápidamente y cuáles son sus efectos en el organismo. Descubre por qué tu consumo diario de tabaco no es representativo de tu grado de adicción. Obsérvate a ti mismo: ¿Cuándo y dónde fumas? ¿Qué te induce a fumar?
Durante el periodo de preparación puedes seguir fumando. Solamente has de librarte de tu cigarrillo favorito, que es el más difícil de todos. Así podrás experimentar cómo se te manifiesta el síndrome de abstinencia y tendrás la oportunidad de desarrollar estrategias para afrontarlo. Cuando suene el pistoletazo de salida ya estarás preparado para defenderte.

DESPUÉS DE 20 DÍAS: ¡LA LIBERTAD!

Si logras aguantar 20 días, seguramente ya no volverás a fumar. Este libro está aquí para ayudarte. Aprenderás a dominar las situaciones que puedan suponerte un riesgo de recaída. Y sabrás cómo sacar partido de una posible recaída y aprovecharla para que te ayude a dejar de fumar.

Cómo defenderse del síndrome de abstinencia

Las manifestaciones del síndrome de abstinencia duran solamente unos diez minutos, pero son unos momentos muy desagradables. Para que puedas superarlos sin problemas es necesario que contraataques empleando:

❯ Técnicas mentales.

❯ La regla A-D-E: apartar, desviar, esperar.

❯ Respirar correctamente.

LIBRE PARA TODA LA VIDA

Disfruta de tu nueva vida: ¡Te conservarás joven durante más tiempo! Tu mente se conservará lúcida, tu sangre fluirá mejor y será más rica en oxígeno. Consecuencias: tu piel volverá a respirar libremente y se mostrará cálida y sonrosada. Tu corazón y el resto de órganos recibirán más oxígeno. Tu vida será más sensitiva e intensa que antes. Pero no sólo volverás a respirar libremente, sino que también dispondrás libremente de tu dinero y de tu tiempo. Como ex fumador, te darás cuenta de lo hermoso y lo amplio que es el mundo ¡y no querrás que cambie!

Índice alfabético

¡IMPORTANTE!

Las ideas, los métodos y las sugerencias que se expresan en este libro reflejan las opiniones y las experiencias de los autores. Éstos han redactado el texto con el máximo cuidado y lo han repasado cuidadosamente. Sin embargo, no ofrecen una alternativa a la intervención de un médico competente. El lector es el único responsable de lo que haga o deje de hacer. Ni los autores ni el editor pueden aceptar ningún tipo de responsabilidad por las consecuencias o efectos secundarios que puedan derivarse de seguir las indicaciones que se expresan en este libro.

Título de la edición original: **Nie wieder rauchen!**

Es propiedad, 2004
© **Gräfe und Unzer Verlag GmbH, Munich.**

© de la traducción: **Enrique Dauner.**

© de la edición en castellano, 2005:
Editorial Hispano Europea, S. A.
Primer de Maig, 21 - Pol. Ind. Gran Via Sud
08908 L'Hospitalet - Barcelona, España.
E-mail: hispanoeuropea@hispanoeuropea.com

Depósito Legal: B. 13574-2005.

ISBN: 84-255-1575-0.

Créditos de las fotografías: Actionpress: pág. 76; Agencia Focus: págs. 17, 23, 35, 49; Corbis: págs. 4, contraportada interior abajo, 13 der., 27, 30, 34, 42, 65, 91, 92, 99, 113, contraportada abajo; Gettyimages: págs. 6, 13 izq, 46, 50, 54, 60, 97, 105, 118; Archivo GU: Portada (H. Döring), pág. 3 der., 40 (N. Olonetzky), 81 (T. Roch); Jalag: pág. 108; Jump: Contraportada, págs. 11, 21, 36, 66; Mauritius: pág. 8, contraportada interior arriba, 10, 2 der, 14, 3 izq, 18, 22, 38, 47, 62, 128, 69, 72, 75, 82, 85, 94, 110, 111, 116, 120; Photonica: pág. 28; Superbild: contraportada izquierda; Zefa: pág. 2 izq, 33, 53, 56, 79, 88, 90, 107.

Consulte nuestra web:
www.hispanoeuropea.com

IMPRESO EN ESPAÑA

PRINTED IN SPAIN

LIMPERGRAF, S. L. - Mogoda, 29-31 (Pol. Ind. Can Salvatella) - 08210 Barberà del Vallès